"十三五"国家重点出版物出版规划项目

丝路文库

琐罗亚斯德如是说

元文琪 著

宁夏人民出版社

前　言

本书是笔者于20世纪80年代对古代伊朗文化进行专题研究所撰写的系列文章的精选，主要是对波斯古经《阿维斯塔》及其巴列维语文献的论述。从文学、宗教、哲学、神话和历史等方面，探讨了古波斯文化的性质、特征和基本内容，以及它对伊斯兰时期伊朗文化的影响。

源远流长的古波斯文化，上限可追溯到公元前7、前6世纪——伊朗第一位先知琐罗亚斯德问世，创立了奉祀唯一、万能之神阿胡拉·马兹达的新教，圣书《阿维斯塔》最古老的部分于此时形成；下限可断在阿拉伯人入主波斯后的9、10世纪——随着伊朗地方王朝的兴起，达里波斯语取代巴列维语而上升为国语。在长达一千五百余年的时间内，伊朗经历了由原始社会向奴隶社会过渡、奴隶社会由奴隶社会向封建社会过渡等历史发展阶段。一般认为，萨珊王朝时期（226—651）古波斯文化最为昌盛，与当时的中国和罗马的文化交流最为密切。流传至今的古波斯文献，大都是萨珊巴列维语著述。

古波斯文化亦可称为琐罗亚斯德教文化，因为琐罗亚斯德教自古便是伊朗民族正统的宗教信仰，发展到萨珊王朝则被推荐为国教，圣书

《阿维斯塔》经祭司文人修订，成为国民必读的宝典。《阿维斯塔》堪称是古波斯最为重要的百科全书式的著述，保留下来的波斯古经残卷分为《伽萨》《亚斯纳》《亚代特》《万迪达德》《维斯帕拉德》和《胡尔达·阿维斯塔》六部分，虽经后人插手篡改。但基本上保持了原著风貌。作者努力以马克思主义理论为指导，对《阿维斯塔》及其巴列维语文献进行多角度、多层次的研究，同时与中国、印度和希腊、罗马古代文化加以比较，并参考和借鉴西方和伊朗学者的有关论述，经过独立思索，逐渐形成自己对古波斯文化的看法，提出和阐明了若干与众不同的学术观点。作者认为，西方所谓的琐罗亚斯德学说，或称琐罗亚斯德宗教—哲学体系，其基本内容应包括早期提出的"善恶二元"宇宙观，和发展到后期形成的"一论二说"，即以"抑恶扬善"为主旨的天人感应神学目的论，以君权神授为核心的"灵光"论，和以客观唯心主义为基础的"灵体"说。琐罗亚斯德这一整套宗教—哲学思想，无疑是为统治阶级神道设教服务的理论，从而构成古波斯文化的精神支柱，它不仅对当时上层建筑各个领域产生决定性的影响，而且对伊朗民族心理特征的形成和发展起到巨大的推动作用。

  作为古波斯文化重要组成部分的巴列维语文学，明显地带有浓厚的琐罗亚斯德教色彩，不妨称其为琐罗亚斯德教文学，换言之，即它只能在拜火神庙的圣坛下履行其文学的职能。流传至今的巴列维语著述虽然多为宗教典籍，但其中不乏文学艺术的内容；至于巴列维语纯文学作品，由于异族的多次入侵和随之而来的兵燹之灾，现已大部散亡，所剩无几。从题材来看，巴列维语文学作品大致可分为富于哲理的箴言、故事等，其旨趣自然离不开对琐罗亚斯德教教义和哲理的宣扬。除有关伊朗最古老的诗文总集《阿维斯塔》及其巴列维语文献的文学探讨之外，还列举巴列维语文学的代表作之一、帝王传奇《阿尔达希尔·帕帕克的业绩》加以具体剖析，意在"窥豹一斑"，略见其特征和风貌。

古波斯文化对伊斯兰时期（7世纪中叶之后）的伊朗文化产生了直接而源远的影响。伊朗人对伊斯兰文化的贡献是有目共睹的，而这种贡献又可视为对古波斯琐罗亚斯德教文化的继承和发展。在文学方面，菲尔多西卷帙浩繁的史诗《王书》（亦译《列王纪》）。既是伊斯兰时期伊朗古典文学的奠基之旅，又是古波斯文学的集大成者。对古波斯文化的研究无疑将加深和提高我们对伊斯兰文化（包括伊斯兰时期的伊朗文学）的理解和认识。

关于波斯古经《阿维斯塔》及其巴列维语文献的专题研究，是一项开拓性的学术研究。上列十篇论文，在某种程度上填补了我国学术研究领域内的空白；虽然错误和纰漏在所难免，但毕竟自成一家之言，迈出了第一步。作者认为，专题研究的系列论文，不同于一般的论文集，似可视为学术专著的一种表现形式。

目录

第一章　波斯古经《阿维斯塔》/ 001

第二章　琐罗亚斯德如是说
　　　　——《阿维斯塔·伽萨》颂诗浅析 / 021

第三章　试论《阿维斯塔·亚什特》颂神诗 / 047

第四章　善恶·祥瑞·神权
　　　　——波斯古经《扎姆亚德·亚什特》剖析 / 085

第五章　琐罗亚斯德教"灵体"说的哲学探讨 / 099

第六章　《阿维斯塔》神话与琐罗亚斯德教哲理 / 119

第七章　灵光神话与君权神授
　　　　——读《扎姆亚德·亚什特》颂神诗 / 133

第八章　巴列维语和巴列维语文学初探 / 149

第九章　帝王传奇中的神权观念
　　　　——巴列维语名作《阿尔达希尔·帕帕克的

业绩》主题探讨 / 167

第十章 颂老少英雄，成千古绝唱

——读巴列维语名篇《缅怀扎里尔》/ 185

第一章　波斯古经《阿维斯塔》

举世瞩目的伊朗文学，迄今已有两千多年的历史，但到目前为止，我国对伊朗文学，及其作家和作品的翻译、介绍和评论，都没有超出伊斯兰时期伊朗文学的范围。而前伊斯兰时期的古波斯文学却一直无人问津，对我们来说它确实还是个尚未开垦的处女地。因此，我国的广大读者，包括外国文学研究工作者在内，大都不了解古波斯文学最初一千余年的发展概况。他们甚而至于产生这样一种错觉：似乎一提到伊朗文学，就得从"波斯语诗歌之父"鲁达基谈起；在鲁达基之前，伊朗没有什么文学作品可言，即便有一星半点也是无足挂齿的。这显然是由于不知伊朗文学的全貌，而得出的片面的认识。有鉴于此，笔者认为有必要简明扼要地评介一下波斯古经《阿维斯塔》。

波斯古经《阿维斯塔》是伊朗最古老的一部诗文总集，约成书于公元前7—前6世纪。相传古人曾用金字把它抄写在一万两千张牛皮上，珍藏于王宫的宝库里。公元前4世纪希腊—马其顿的亚历山大东征波斯时，将其付之一炬。帕提亚国王巴拉什一世（58—78）曾下令搜集散失于民间的波斯古经的断简残篇，但未能成书；直至萨珊王朝的著名国君阿尔达希尔在位期间（224—241），才在广泛收集资料和认真整理的基础上,由祭司编订出二十一卷本巴列维语《阿维斯塔》(亦称《赞德·阿维斯塔》)。全书共有三十四万五千七百字。它在内容上虽与古本《阿维斯塔》有出入,但基本上保持了原著的风貌。公元 7 世纪中叶以后,伊朗处于信奉伊斯兰教的阿拉伯人的统治之下,琐罗亚斯德教日趋没落,其圣书《阿维斯塔》也被《古兰经》取而代之。随着岁月的流逝,又屡遭兵燹之患,巴列维语《阿维斯塔》大部分也已散亡,流传至今仅存十四万字。学者们按内容将《阿维斯塔》残卷分为六个部分,现逐一评介如下:

(1)《伽萨》在阿维斯塔语中词义为颂歌。共五篇,十七章,二百三十八节音节体诗,各篇章有不同的音数和节奏的要求。相传为教主琐罗亚斯德本人吟咏的诗歌,故有"琐罗亚斯德之歌"之称,因而享有特殊的荣耀和地位,被公认为是《阿维斯塔》的核心部分。作者在《伽萨》颂诗中言简意赅地阐明了自己的"善恶二元论"宇宙观和以"抑恶扬善"为主旨的宗教信条,热情地讴歌了造物主阿胡拉·马兹达及其六大助神,无情地揭露和批判了恶本原阿赫里曼及其众妖魔,具体地描述了当时社会上广泛开展的宗教斗争。

琐罗亚斯德在《伽萨》开篇中庄严地宣布:

思想和言行皆有善恶之分,
只因原始之初两大本原并存,
真诚者求善,从恶乃虚伪之人。
(20:3)[①]

[①] 本文《阿维斯塔》部分的引诗,根据贾利尔·杜斯特哈赫《〈阿维斯塔〉——琐罗亚斯德教的圣书》(德黑兰,1976 年)译出。括号内墨点前后的数字,分别表示章和节。

生命宝殿善端起，死亡魔窟恶端立，
来日善者在光明天国分享阿胡拉的恩惠，
恶者将跌落阿赫里曼阴暗的地狱受罪。

（30：4）

未有世界之初，就存在着善与恶相互对立的两大本原，存在着以善神阿胡拉·马兹达为代表的光明势力和以恶魔阿赫里曼为元凶的黑暗势力的矛盾和斗争。正是这种善恶之间针锋相对的矛盾、斗争的存在和发展，构成了世界万物的变化和有规律的运动。上天入地的神祇和妖魔，斩妖除害的帝王英雄和草菅人命的暴君奸宄，笃信正教的虔诚男女和崇祀恶魔的叛逆之徒，以至大自然给人类带来的恩惠和灾殃，等等，无不是善恶二宗对立、矛盾和斗争的具体表现。这场关系到人类命运和世界前途的善恶之争要持续若干千年，最后必将以善神的完全胜利和恶魔的彻底失败而告终；到那时，天地间将焕然一新，恢复原来光明、纯洁的面貌。这便是琐氏著名的"善恶二元论"的基本内容。

呵，马兹达！是你最初把灵魂创造，
恩赐智慧，且把活气吹入人的躯壳。
呵，天启昭示：众民自由选择宗教。

（31：11）

真诚和虚伪、智慧和愚昧都在高呼，
善与恶两大本原在召唤各自的信徒，
何去何从？求善者将得到神的佑助。

（31：12）

人类是善神的创造物，具有完全自由的意志，不受任何命运的支配；但应听从马兹达及其使者的召唤，避恶从善，弃暗投明，为拯救自己的灵魂和整个世界而奋斗不息，这就是琐罗亚斯德所宣扬的宗教主旨。这种宗教主张对后来伊斯兰教"自由意志论"派别的影响很大。

对象征着光明、纯洁、诚实、善良、智慧和创造的神主马兹达及其六大助神①的赞颂和溢美之词，在五篇《伽萨》中俯拾即是，不胜枚举。兹录第四十四章的三节诗为例。

> 呵，阿胡拉！请你告诉我：
> 原始之初是谁创造了真诚？
> 是谁令太阳星辰在空中运行？
> 是谁让月亮发生盈亏圆缺？
> 神主呵，我愿得知这一切真情！
> （44：3）

> 呵，阿胡拉！请你告诉我，
> 力撑大地架天于高空者谁？
> 创造江河育花草树木者谁？
> 风起云涌变幻莫测的指挥者谁？
> 神主呵，善良的主宰又是谁？
> （44：4）

---

① 神主马兹达的六大助神依次为巴赫曼（在天国代表马兹达的智慧和善良，在尘世为动物神）、奥尔迪贝赫什特（在天国代表马兹达的至诚和纯洁，在尘世为火神）、沙赫里瓦尔（在天国代表马兹达的威严和统治，在尘世为金属神）、斯潘达尔马兹（在天国代表马兹达的谦虚和仁爱，在尘世为土地神）、霍尔达德（在天国代表马兹达的完美和长寿，在尘世为水神）相莫尔达德（在天国代表马兹达的永恒与不朽，在尘世为植物神）。这六大天神被统称为阿姆沙斯潘丹。

呵,阿胡拉!请你告诉我,
谁带来万丈光芒驱散黑暗?
谁安排晨起和有益的睡眠?
谁规定出早上、中午和夜晚,
提醒正教徒履行祈祷的诺言?

(44∶5)

作者在同章第七节诗中,对上述问题做出了回答:"神主呵,我坚信这所有的一切,全是你,圣洁的斯潘德·迈纽①的功劳!"在琐罗亚斯德看来,六大天神的创造,上天下地的布局,日月星辰的运行,风驰云涌的变幻,江河湖海奔流,花草树木的生长,人类生活的节奏,昼夜的循环往复,乃至父子的骨肉之情,一切的一切无不是神意的安排和神力的作用使然。而在我们看来,对神主马兹达及其六大助神的赞扬,不仅反映了古代伊朗雅利安人对千变万化的自然现象和社会生活的细心观察和深邃的思索,而且表现出他们对真、善、美的热烈追求。

在记述当时社会上广泛展开的宗教斗争的同时,无情地揭露和批判冥顽不灵的恶本原阿赫里曼、为非作歹的众妖魔及其崇拜者,是《伽萨》颂诗的另一个重要内容。

呵,来自邪恶本原的众迪弗②,
你们的崇拜者乃虚伪狂妄之徒,

---

① 词义为神圣的智慧,即指阿胡拉·马兹达。
② 原意为天神,琐罗亚斯德反其意而用之,称迪弗为妖魔鬼怪。

在第七个国家①早已臭名昭著!

(32:3)

众迪弗何日曾发过善心?
卡拉潘、乌西杰和卡维②,
宰牲献祭手段何其残忍!
休道伪信者也养殖畜群,
那并非为了荒地的开垦。

(44:12)

拜倒在邪恶暴君脚下的伪信者,
心术不正,语言不善,行为不端,
他们只配同罪恶的幽灵相聚会餐,
最终跌落地狱——谎言的魔殿!

(47:11)

  琐罗亚斯德教在主张奉行"善思、善言和善行"三项原则的基础上,鼓励人们积极从事耕耘稼墙,饲养牲畜,修建房屋,挖掘坎儿井和种植果木等,认为这些工作都有助于神主马兹达所进行的善的创造。其中尤以农耕和养畜两项格外重要,在《伽萨》中提到的次数也最多。如,

  以正教为百姓指明正途者是我,

---

① 古代伊朗雅利安人认为整个世界可划分为七个国家,伊朗是处于中间的第七个国家,它的面积为其余六个国家的面积之和。
② 顽固坚持自然崇拜和多种信仰,极力反对琐罗亚斯德教的部落首领。

愿巴赫曼对耕耘稼穑多加指导，
教民务必勤奋，切切不可怠惰！

（33：6）

神主呵，愿你将期待已久的奖赏，
赐于耕田种地，精心养畜的行善者！
正是你智慧的宗教使农牧业发达兴旺。

（34：14）

联系到琐罗亚斯德坚决反对邪教徒宰牲献祭来看，他提倡和鼓励人们从事农耕和养畜业，这对当时社会生产力的发展，无疑是有促进作用的。在原始公社制社会逐渐解体和奴隶制社会形成的初期；农业和定居的养畜业总比逐水草而居的游牧部落的自然放牧要先进。因为后者对维护建立在血缘关系基础上的氏族公社有利；而前者则有助于以地域关系结合起来的农村公社的形成，并进而导致奴隶制国家的产生。由此看来，琐罗亚斯德教还是具有进步的社会意义的。

（2）《亚斯纳》是《阿维斯塔》中最古的部分，共有七十二章（包括《伽萨》十七章），主要是对神主马兹达和众神祇，以及世上一切美好事物的赞美和赞扬。《亚斯纳》中不乏神话传说的成分和片段，有些神话传说的内容甚至可以追溯到印伊人生活的远古时代。试举第九章的几节诗为例。

清晨，收拾好火。
琐罗亚斯德开始祈祷。
此时胡摩翩然而至，
琐罗亚斯德开口问道：

呵！神采焕发的来者，
你是谁？如此的美貌，
我在世上还不曾见到。

（9：1）

来者从容不迫地回答：
呵，琐罗亚斯德！
我是却病延年、纯洁的胡摩，
有了我，人们可以制作饮料。
赞扬我吧，斯皮塔曼①，
来日苏什扬特②也将把我称道。

（9：2）

　　诗中提到的胡摩，即印度《梨俱吠陀》里所说的苏摩，原本是一种药草，从中可榨取汁液，供节日和祈祷时饮用。此处诗人把胡摩描绘成一位天神，可见这种能促进消化，且具有兴奋作用的药草，对以食肉为主的古代伊朗雅利安人游牧部落的生活产生过重大的影响；否则，它绝不会入诗，即使入诗，也不会被当作神明加以歌颂。

呵，胡摩！向你致敬！
琐罗亚斯德施礼问好
请问世间什么人，
第一次用你做成饮料？

---

① 是琐罗亚斯德的姓氏。
② 词义为拯救者，泛指救世主。是琐罗亚斯德教对三位隐遁先知的称呼，尤其指琐罗亚斯德升天后三千年降临人世的第三位隐遁先知。

他得到怎样的幸福和酬报?

　　　　　　　　（9:3）

却病延年、纯洁的胡摩回答:
世上的维万格罕,
最初用我做成饮料,
为此他得到幸福和酬报,
生下大名鼎鼎的贾姆希德。
贾姆希德拥有大批良畜,
是黎民百姓的伟大首脑,
他有太阳一般的明眸。
在他统治期间没有死亡,
人类和动物永不衰老,
绿水青山呀,春常在,
食物丰盛呀,多得吃不了。

　　　　　　　　（9:4）

贾姆希德时期国泰民安,
既没有严寒和酷暑,
也没有衰老和死亡,
更不见魔鬼制造的忌妒。
那时的父亲和儿子,
看上去年龄都不过十五。

　　　　　　　　（9:5）

贾姆希德在阿维斯塔语中称伊摩,即印度《吠陀》神话中的阎摩,后经佛教传入中国,便是尽人皆知的阎罗王。贾姆希德是印伊人传说中尘世的第一位统治者。诗中把他治理下的世界描写得尽善尽美,这一方面表达出古代伊朗雅利安人对功绩卓著的祖先的怀念和崇敬,另一方面也反映了他们对"理想之国"的向往和憧憬。

> 琐罗亚斯德忙又问道:
> 呵,胡摩,世间什么人,
> 第二次用你做成饮料?
> 他又得到怎样的幸福和酬报?
>
> (9:6)

> 却病延年,纯洁的胡摩回答:
> 世上的阿特宾,
> 第二次用我做成饮料,
> 为此他得到幸福和酬报,
> 生下垂名千古的法里东。
>
> (9:7)

> 名门望族出身的法里东,
> 杀死了残暴的阿日哈达克——
> 生着三张嘴巴、三个脑袋和六只眼睛,
> 且有上千种形体变化的妖魔。
> 那妖魔虚伪奸诈,力大无穷,
> 是阿赫里曼为损害尘世和扼杀真诚,
> 而特意制造出来的元凶!
>
> (9:8)

出身名门望族的法里东和下面引诗中提到的手持狼牙大棒、长发辫的加尔沙斯布，全是古代伊朗雅利安人游牧部落声名显赫的英雄。他们斩妖除害，为民立功，因而生前受到族人的敬仰和爱戴，死后成为人们缅怀和颂扬的对象。在这两位英雄身上，体现着伊朗雅利安人那种与妖魔鬼怪为代表的邪恶势力进行英勇斗争的伟大气魄，和他们那种不畏强暴，敢于斗争，敢于胜利的高贵品质。

> 琐罗亚斯德再次发问道：
> 呵，胡摩！世间什么人，
> 第三次用你做成饮料？
> 他又得到怎样的幸福和酬报？
> 　　　　　　　　（9:9）

> 却病延年、纯洁的胡摩回答：
> 世上的阿塔尔特，
> 第三次用我做成饮料，
> 为此他得到幸福和酬报，
> 生下执法如山的乌尔瓦赫沙亚，
> 和年轻有为的加尔沙斯布——
> 手持狼牙大棒，长发辫的英豪。
> 　　　　　　　　（9:10）

> 英雄力斩头上生角的巨龙——
> 那遍体流脓的怪物，
> 喷出的黄色毒液高过梭镖，
> 它吞噬的人畜无以计数！

中午时分,加尔沙斯布,
在巨龙背上架锅做饭,
那怪物被烟熏火燎浑身冒汗,
但见它猛然跃起,把铁锅掀倒,
热汤四溅,英雄闪身躲到一边。

(9∶11)

(3)《亚什特》是波斯古经《阿维斯塔》中篇幅最长,写得也最生动有趣的部分,共有二十一篇,均以神祇的名字做标题。从语言和写作方法来看,它们大体上可分为长、短两类。短篇《亚什特》尽是抽象的咒语和祷词,写得枯燥、呆板,读来佶屈聱牙,味同嚼蜡;而长篇《亚什特》却是文词隽永,风格古雅,堪称古代颂诗的杰作。如第五篇《阿邦·亚什特》(河神颂)、第八篇《蒂尔·亚什特》(雨神颂)、第十篇《梅赫尔·亚什特》(光明与誓约之神颂)、第十三篇《法尔瓦尔丁·亚什特》(灵体颂)、第十四篇《巴赫拉姆·亚什特》(战神赞)和第十九篇《扎姆亚德·亚什特》(地神颂)等,里面含有大量的原始神话、英雄帝王传说和民间故事,具有重要的历史价值和美学意义。现从《阿邦·亚什特》第三十章中摘译四节:

阿娜希塔像往常一样,
宛如苗条俊美的女郎,
细腰儿紧束亭亭玉立。
身穿华丽带褶的衣裙,
雍容大雅纯洁而善良。

(30∶126)

阿娜希塔像往常一样，
手持巴尔萨姆枝条①，
四角形金耳环吊在耳旁，
银减圈套在秀美的脖颈上，
她紧束细腰乳房高耸，
显得分外娇娆令人神往。

（30：127）

阿娜希塔头戴八角形金冠，
一个精制的圆环突出在顶端，
好似车轮上面系着条条彩带，
镶有百顺明珠银光闪闪。

（30：128）

阿娜希塔的衣饰华美，
缝制用了三百张海狸皮，
海狸的毛皮世上最珍贵，
触摸时如金银闪耀光辉。

（30：129）

  从河神阿娜希塔优美动人的形象来看，显然她并非一个普普通通的氏族部落的女子，倒更像是母权制氏族社会的一位雍容华贵的部落首领。古代伊朗雅利安人之所以如此地赞美江河女神阿娜希塔，是因为"她使男人的精液保持洁净，使女人的子宫一尘不染，使产妇得以分

---

① 琐罗亚斯德教教徒祈祷时手持的怪柳或石榴的嫩枝，根据祈祷的内容不同，手持的枝条数目也不等。

娩顺利,使母亲的乳房柔软而丰满。"(1:2)这恐怕与他们逐水草而居的游牧生活不无关系。

再如第十篇《亚什特》第三十一章,作者不惜笔墨着意刻画光明与誓约之神梅赫尔的战车。先写受到神主马兹达称赞的梅赫尔神,乘坐金镶玉嵌的彩舆,从光芒四射的天国飘然下凡。四匹"前蹄金,后蹄银"的雪白神马拉着那乘无比华丽的彩舆。车上公正之神拉申和知识之神奇斯塔分别立于梅赫尔的左右,车前有野猪般凶猛的乌帕马纳(战神巴赫拉姆)开路,车后有火神阿扎尔和光彩夺目的灵光压阵。这是何等威武雄壮的景象!接着写梅赫尔的战车上备有各式各样的精良武器,刀、枪、剑、斧,一应俱全,而且都数以千计。诗中还一唱三叹,反复吟咏这些锐利的兵器"以思想之速度,飞向妖魔鬼怪的头颅!"读来给人以其锋芒所及,无往而不胜之感。

> 领有辽阔原野的①梅赫尔的战车,
> 上面备有千张精制的良弓,
> 弓弦用加瓦斯纳②的筋腱做成,
> 离弦的箭以思想之速度,
> 飞向妖魔鬼怪的头颅!
>
> (31:128)

> 领有辽阔原野的梅赫尔的战车,
> 上面备有千只精制的翎箭,
> 铁打的箭镞槽口镶有硬骨,

---

① 是梅赫尔的固定修饰语,它形象地表示出梅赫尔就是普照大地的万丈光芒,是伊朗雅利安人国家辽阔原野的主宰。
② 远古时代的一种野兽,不知何所指。

锐利的箭以思想之速度,
飞向妖魔鬼怪的头颅!

(31:129)

领有辽阔原野的梅赫尔的战车,
上面备有千根精制的长矛,
锋利的长矛以思想之速度,
飞向妖魔鬼怪的头颅!
领有辽阔原野的梅赫尔的战车,
上面备有千把精制的板斧,
双刃的板斧以思想之速度,
飞向妖魔鬼怪的头颅!

(31:130)

领有辽阔原野的梅赫尔的战车,
上面备有千柄精制的短剑,
双棱的利剑以思想之速度,
飞向妖魔鬼怪的头颅!
领有辽阔原野的梅赫尔的战车,
上面备有千把精制的铁杵,
坚硬的铁杵以思想之速度,
飞向妖魔鬼怪的头颅!

(31:131)

领有辽阔原野的梅赫尔的战车,
上面备有战无不胜的狼牙棒,

以百节百刃的狼牙棒瞄准敌人,
管叫他呜呼哀哉见阎王,
用黄色金属打制的狼牙棒,
是克敌制胜的无价之宝,
它以思想之速度,
飞向妖魔鬼怪的头颅!

(31:132)

恶贯满盈的阿赫里曼,
阴险毒辣的赫什姆①,
长手臂的布沙斯伯②全都不寒而栗;
所有暗藏的魅魅魍魉,
和瓦雷纳③的伪信者无不万分恐惧!

(31:134)

在由原始公社制社会向奴隶社会过渡的历史时期,氏族部落之间因兼并土地,争夺水源,掠夺财产和奴隶,或因宗教信仰的分歧,经常发生战争,这当中想必会涌现出一大批骁勇善战的部落酋长或部落联盟的军事首长,神通广大、威力无穷的梅赫尔,似乎就是这些为族人所称道的、善于用兵作战的部落酋长或部落联盟军事首长的典型形象。

(4)《万迪达德》词义为驱除妖魔的法规,简言之,即"驱鬼法"。这里的"鬼"实际上是指教主琐罗亚斯德降生以前伊朗雅利安人奉祀的各种各样的神祇。"驱鬼法"的意思是说,琐罗亚斯德教的教旨与伊朗

---

① 凶魔,阿赫里曼的主要帮凶之一。
② 睡魔,阿赫里曼的主要帮凶之一。
③ 今之吉兰省。传说中神主马兹达创造的第十四个国家。

雅利安人传统的自然崇拜和多神信仰水火大不相容。《万迪达德》包括二十二章,主要是讲教徒在日常生活中应该遵循的仪规和戒律,以及对违反教规者实行的各种惩罚。如,怎样处置骨骸,怎样避开不洁之物,怎样治病和怎样赎罪,等等。因此,不妨称之为《阿维斯塔》的法律部分,即琐罗亚斯德教的法典。但应指出,《万迪达德》的文字虽然具有法律条文的性质,然而并不干瘪枯燥,而是通俗流畅,生动具体的记述。如第五章第一至七节中写道:

假如某人死于深山峡谷,有鹰隼从山顶飞来,啄食死者的尸体,随后展翅飞去,在一棵硬木或软木树的上空盘旋,将臭屎拉在树枝上。这时,恰好有樵夫进山打柴,把脏树枝砍下来,背回家用以烧火。请问他是否因此而犯下罪过?

接触由野狗、豺狼、飞禽和苍蝇沾过的,或者被风刮来的腐尸烂肉等不洁之物,算不得犯罪。如若不然,接触这类秽物也算罪过,那么遍地的尸骨,就将使人类的灵魂感到恐惶不安,人们的性命也就难以保全。

《万迪达德》还包含有神话传说的内容。如在第一章谈到神主马兹达创造了十六个国家,和恶魔阿赫里曼给这些国家带来的灾难;第三章提到地神斯潘达尔马兹因土地得到耕种而高兴,因尸骨遍野而恼怒;第十八章说公鸡啼鸣报晓,是代表传令天使索鲁什唤醒沉睡的人们,摆脱睡魔布沙斯伯的纠缠,开始一天的工作;第十九章提及亡灵的归宿,和恶魔阿赫里曼对琐罗亚斯德的欺骗和诱惑等。最令人注目的是第二章,其中谈到"英俊的美男子、拥有良畜的"贾姆希德,被神主马兹达挑选为尘世万物的第一位庇护者。他在统治世界的九百年间,曾先后三次以神赐的金戒指和镶金的手杖,令地面比原来扩大了一倍。这样,才使不断繁衍的人类、牲畜和家禽不再感到拥挤,并找到适宜的栖身之所。后来,贾姆希德遵从神主马兹达的意旨,在名叫"埃朗雅杰"(含有雅利安人的故乡之意)的地方,修筑了一座坚固的城堡,并从世间各种生物中挑选出完美无缺的一对带进城内,以使其免遭即将来临的毁灭性的暴风雪的袭击。这样,世间万物才得以平安地生存下来,人类才得以传宗接代,繁衍增殖。

贾姆希德得天启筑城堡,拯救人类的故事,是远古时代伊朗最著名的神话传说之一,它和《圣经·旧约》中描绘的"挪亚方舟救渡"的神话传说,有异曲同工之妙。虽然由于不同的民族生活的地域不同,遭受的自然灾害各异,因而形成内容有别的神话传说,但它们却同样地表现出原始初民为求生存而与自然暴力进行英勇斗争的伟大气概,和他们战胜自然灾害的坚强意志。

(5)《维斯帕拉德》词义为出类拔萃者。这部分诗歌是对神主马兹达所创造的各种美好事物(尤其是品德高尚的行善者)的赞颂。从中可以读到宗教节日里演唱的颂歌,对每天五个时辰的赞美,和对祭礼用品,如胡摩汁、巴尔萨姆枝、神香和供品"马亚兹德"等的称赞。有人把《维斯帕拉德》称为琐罗亚斯德教的祭仪书,看来不无道理。

《维斯帕拉德》的容量很大,但篇幅并不长,多是宗教名词的排列。形容词的堆积,没有什么文学价值。它究竟包括多少章,至今众说不一。从诗歌的内容看,《维斯帕拉德》与《亚斯纳》相近似,也许原来它并非单独的一卷,而只是《亚斯纳》的续篇。在多数宗教节日和举行祭祀时,从不单独地演唱《维斯帕拉德》颂歌,它经常和《亚斯纳》合起来吟唱,在许多场合还同《万迪达德》一起吟咏。但也有例外,如在每年的六个"加罕巴尔"节(为纪念神主创造世界而举行的大型庆祝活动,每个节日持续五天,最后一天达到高潮),则单独地演唱《维斯帕拉德》赞歌。

(6)《胡尔达·阿维斯塔》在巴列维语中词义为"小阿维斯塔"。它是萨珊王朝沙普尔二世时期（4世纪），为方便教徒的日常使用，由大祭司长阿扎尔帕德·梅赫拉斯潘丹选编的《阿维斯塔》的简本。《胡尔达·阿维斯塔》分为八篇，里面有些内容是现存《阿维斯塔》其他部分所没有的。如《大西鲁泽》和《小西鲁泽》两篇中，有对每年十二个月和每月三十天的各位保护神的赞颂；《阿法林甘》篇里讲述了教徒丧葬时所做的祈祷，和在每年最后五天举行的"巴希希扎克"祭礼的盛况等。这对了解把琐罗亚斯德教奉为国教的古波斯人的生活习俗，还是有所裨益的。

开伊朗诗歌创作之先河的《阿维斯塔》音节体诗，是古波斯人致祭行礼时吟咏的祈祷诗，为达到渲染气氛的目的，词句多有复沓，虽不要求严格的押韵，但音乐性强，节奏鲜明，读来朗朗上口，富有民歌特色。《阿维斯塔》各部分各篇章使用的格律不同，诗歌的艺术表现形式各异。有的诗直抒胸臆，感情沛然；有的诗富于哲理，语颇隽永；有的诗采取问答方式，或自问自答，或问而不答，发人深省；有的诗运用比喻和夸张手法，增强了艺术感染力；有的诗类似戏剧性的对白，显得生动活泼，饶有趣味。总之，《阿维斯塔》诗歌尽管带有浓厚的宗教色彩，但却不乏给人以艺术享受的名篇佳作，读者从以上的引诗中自可窥豹一斑。

波斯古经《阿维斯塔》不仅为我们了解古代伊朗社会的历史、宗教、哲学、神话和语言等，提供了一份不可多得的珍贵资料，而且对后世伊朗乃至中亚地区的文化产生了深远的影响。古经中阐发的琐罗亚斯德的"善恶二元论"和以"抑恶扬善"为主旨的宗教思想，对摩尼教和伊斯兰教什叶派（尤其是苏菲教派）的影响是显而易见的。中世纪伊朗的诗歌巨匠哈菲兹和莫拉维等人在作品中表述的某些神学观点，往往能在《阿维斯塔》里找到其根源。《阿维斯塔》及其文献中所包含的大量原始神话、英雄帝王传说和民间故事，为伊斯兰时期各种故事诗和史诗的创作,提供了宝贵的素材。伟大的爱国诗人菲尔多西,正是从《阿维斯塔》的神话传说中汲取精神营养、文学题材和艺术形象,经过数十年的不懈努力,才创作出光耀古今的不朽之作《王书》来的。不言而喻,波斯古经《阿维斯塔》在伊朗文学发展史上,占有不可忽视的重要地位,完全值得我们认真加以研究

第二章　琐罗亚斯德如是说

——《阿维斯塔·伽萨》颂诗浅析

19世纪末,德国哲学家和诗人弗里德里希·尼采发表了一部颇具影响的著作《琐罗亚斯德如是说》(旧译《查拉斯图拉如是说》)[①]。在这部自称"为众人又不为任何人的书"中,作者借古波斯琐罗亚斯德教(亦称祆教,或拜火教)的创始人之口,阐述了他的以"超人"和"万物永远还原"为主要内容的哲学思想,喊出了"一切价值重新估价"的响亮口号,把批判的矛头指向罪恶的资本主义制度,指向虚伪的宗教道德,充分表现出他坚决反对旧的传统观念的斗志和决心。别的姑置勿论,单从批判的本质来看,尼采的这种具有"叛逆"精神的哲学思想,和两千五百多年前的以彻底批判古代雅利安人传统的宗教信仰、道德观念和陈规陋习为特征的琐罗亚斯德学说是一脉相承、完全吻合的。或许,这正是独具匠心的尼采要把自己的力作定名为《琐罗亚斯德如是说》的原因吧。

把尼采的哲学思想和琐罗亚斯德学说加以全面的比较和论述,不

[①] 参看弗里德里希·尼采:《查拉斯图拉如是说》,高寒译,重庆文通书局1947年版。

是本文的写作目的，也远非笔者的能力所及。这里，我只想借人们熟悉的这个题目，就一百年前尼采在书中没有直接涉及，或者由于客观历史条件的限制，作者不甚理解的琐罗亚斯德的说教，谈点个人的浅见，不当之处，希望得到读者的指正。

一

西方所谓的琐罗亚斯德学说，主要是指伊朗历史上第一位先知在波斯古经《阿维斯塔·伽萨》中提出并加以阐扬的宗教—哲学体系，其中包括琐罗亚斯德著名的善恶二元论，亦即对世界的本原、形成和结局的看法，以及建立在这种宇宙观基础上的宗教观、道德观和社会观。内容庞杂的琐罗亚斯德学说，具有鲜明的民族特色和时代特征，因而，在我们具体分析《伽萨》颂诗之前，有必要先交代一下它的作者及其所处的时代背景。

据史学家们考证，公元前3000年左右，操印欧语的印度和伊朗雅利安人，大概共同生活在中亚地区的阿姆河和锡尔河流域一带，其时已由新石器时代晚期过渡到金属时代。约当公元前2000年中叶，印伊人游牧部落可能由于人口的繁衍和寻觅水草丰盛之地的要求，开始溯阿姆河和锡尔河向中亚南部迁徙。他们中的一部分越过兴都库什山，涌进印度河中上游的旁遮普谷地，后被称为印度雅利安人；另一部分南下渗入阿富汗和伊朗高原，后被称作伊朗雅利安人。这种不断地、渐进地向南扩张的移民浪潮，在伊朗高原持续了相当长的时间，直至公元前8世纪才大体上告一段落。如果说，这之前伊朗雅利安人度过了其民族发展史上的神话时代和英雄时代，那么，从公元前7—前6世纪中叶阿契美尼德王朝建立止，他们就步入了一个崭新的历史阶段——宗教时代。

宗教时代的伊朗，业已开始了由原始公社制社会向奴隶制社会的过渡。这期间形成的若干奴隶制小国，带有明显的军事部落联盟的痕迹。由逐渐解体的原始公社制社会过渡到奴隶制社会，是人类历史上的第一次社会大变动。在这个由一种社会形态跃入另一种社会形态的大变动时期，必然充满了各种复杂的矛盾和斗争。在民族部落内部存在着奴隶主与奴隶的矛盾、贵族与平民的矛盾、高利贷者与债务人的矛盾、奴隶主贵族之间不同阶层的矛盾等。但相对于各氏族部落之间的矛盾和斗争来说，这些矛盾和斗争表现得还不是那么尖锐和激烈。在所有古代民族的发展史上，这个时期都无例外地发生了大规模的氏族部落间的兼并战争，却不曾爆发过类似规模的奴隶起义或平民起义，这个史实本身恰好说明当时氏族部落内部的矛盾和斗争虽然存在，然而并未发展到严重对抗的程度。具体到伊朗来看，这时期氏族部落间的频繁战争披上了一层浓厚的宗教斗争的色彩，或者说，直接表现为两大宗教派别的尖锐对立和冲突。

根据《伽萨》的记载，伊朗雅利安人当时分为势不两立的两大教派：一派叫"迪弗·亚斯尼"，另一派叫"马兹达·亚斯尼"。"迪弗·亚斯尼"派坚持自古以来长期形成的雅利安人的自然崇拜和多神信仰，竭力维护宰牲献祭等陈规陋习，属于守旧派；"马兹达·亚斯尼"派主张与以往传统的宗教信仰实行彻底决裂，号召人们改奉唯一万能的神主阿胡拉·马兹达，以求适应发生了变化的社会环境，属于革新派。这两大教派势不两立，各自都把对方崇祀的神明，斥之为万恶不赦的魔鬼。显而易见，这种宗教上新、旧两派的激烈斗争，乃是当时社会上力主联合、统一的氏族部落和革命进步势力，与顽固坚持分散、独立的氏族部落和反动落后势力之间政治斗争的反映。

正如自然界地壳的剧烈运动会形成高山峻岭那样，在这场关系到社会发展前途的伟大斗争中，也必然会产生出人民拥戴的领袖人物来。伊朗第一位先知琐罗亚斯德,顺应时代的需要,挺身而出登上了历史舞台。在他的正确领导下,"马兹达·亚斯尼"教派从弱小到强大,终于发展成为古代伊朗和中亚地区的第一大宗教,对后世尤其是前伊斯兰时期的中亚和西亚各民族的意识形态产生了深远的影响。作为宗教时代产物的《伽萨》,是教主琐罗亚斯德以诗体的形式,对上述的宗教斗争所做的真实记录,同时也是他对以往传统的宗教信仰进行批判、改造,并从理论上加以总结和创新的结果。因而,这部伊朗最古老的著述不仅具有宗教史料和哲学理论的重大意义,而且具有宝贵的文学价值。

二

《伽萨》颂诗的作者是否为历史上实在的人物呢?这是学术界长期争论未决的一个问题。有人说,既然琐罗亚斯德和《伽萨》颂诗中唯一提到的国王凯·古什塔斯布是同时代人,那么他理所当然地应该和传说中的凯扬王朝诸帝王一样,同属于神话传说中的人物。但多数学者不同意这种推论,他们比较一致地认为历史上确有琐罗亚斯德其人。不过,他们对于这位伊朗先知的生卒年月和出生地点,却众说纷纭,莫衷一是。若把有关琐罗亚斯德出生年代的不同说法归纳起来,则其上限可追溯到公元前六千年,而下限又延至公元前六百年,两者竟相差五千余年![1] 近年来,美国学者杰克逊(Jackson)在所著《琐罗亚斯德的生平》中提出了一种看法,赢得多数学者,其中包括伊朗"阿维斯塔学"权威易卜拉欣·普尔·达乌德教授的赞同,即认为琐罗亚斯德出生

---

[1] 参看哈桑·皮尔尼亚、莫希尔杜拉和阿巴斯·艾格巴尔·阿什蒂亚尼:《伊朗通史》(德黑兰,原书未注明出版日期),第253页;巴赫拉姆·法尔瓦尔丁:《巴列维语词典》,德黑兰,1979年版,第662页。

于公元前660年，卒于公元前583年。① 据此推断，素有"琐罗亚斯德之歌"之称的《伽萨》，当形成于公元前7世纪末前6世纪初。

根据传统的说法，琐罗亚斯德二十岁时开始隐世遁居，修身养性。三十岁时，就像犹太人的先知摩西得"天启"于西奈半岛那样，在乌鲁米耶湖（今之雷扎耶湖）畔，蒙受神主马兹达的默示：要他深入民间去传播正教，引导黎民百姓抑恶扬善，弃暗投明，为拯救世界和自己的灵魂而奋斗不息。布道之初，琐罗亚斯德遇到顽梗不化的巫师术士的极力反对，处境十分困难，追随他的人寥寥无几。后在神主马兹达的启示下，他奔赴伊朗东部的巴尔赫地区传教，四十二岁时得以说服当地国君凯·古什塔斯布皈依正教。从此，琐罗亚斯德名声大振，正教得以广泛传播。晚年，在一次与以阿尔贾斯布为首的突朗希翁人的战斗中，七十七岁的琐罗亚斯德不幸殉难，被敌人杀害于巴尔赫的一座拜火神庙里，时值阿契美尼德王朝创始人居鲁士（前559—前529在位）问世前24年。②

按照普尔·达乌德教授的意见，教主琐罗亚斯德出生在伊朗西部的阿塞拜疆，而传教成功于伊朗东部的巴尔赫。有人却不以为然，坚持说琐罗亚斯德诞生于雷伊或花剌子模（今塔吉克斯坦南部）。近年来，不少学者都趋向于另一种假说，即认为琐罗亚斯德的出生地应在伊朗东部，理由是《伽萨》和《阿维斯塔》其他部分中提到的名山大川、部落战争和宗教活动，地理位置大都在伊朗东部，尤其是锡斯坦一带，再者，阿维斯塔语与印度吠陀语的关系也比与发轫于伊朗西部的古波斯语的关系更加密切。因此，结论似乎只能是阿维斯塔语为伊朗东部的

---

① 参看米哈伊尔·伊·赞德：《伊朗文学史上的光明与黑暗》（阿萨德·普尔·皮兰法尔译，德黑兰，1977）第2页脚注；艾哈迈德·爱敏：《阿拉伯—伊斯兰文化史》，第1册（黎明时期），纳忠译，商务印书馆1982年版，第108—109页。
② 见《伊朗通史》，第254—255页；另见《伊朗文学史上的光明与黑暗》，第2页脚注。

一种语言,用它写成的《阿维斯塔》只能产生于伊朗东部,《伽萨》颂诗的吟唱者琐罗亚斯德也只能出生在巴尔赫地区。法国学者达尔梅斯泰特断言琐罗斯亚德是米底(亦译米堤亚)人,《阿维斯塔》是用伊朗西部的米底文撰写的。此说论据不足,难以令人信服。至于古希腊学者克桑托斯和柏拉图关于历史上有三个琐罗亚斯德的提法,[①] 就更加牵强附会,不为今人首肯。

三

《阿维斯塔》又称波斯古经,是伊朗最古老的宗教文献,同时也是伊朗最早的一部诗文总集。依据学者们的研究,似可将现存《阿维斯塔》残卷分为六个部分:《伽萨》(Gāthā)、《亚斯纳》(Yasnā)、《维斯帕拉德》(Visperad)、《亚什特》(Yasht)、《万迪达德》(Vandidād)和《胡尔达·阿维斯塔》(Khorda-Avestā)。如前所述,其中作为"琐罗亚斯德之歌"的《伽萨》,大约形成于公元前7世纪末前6世纪初,是波斯古经中语言最古老、编订也最早的部分。"伽萨"(亦读作"伽塔")词义为用音乐伴唱的颂歌,印度吠陀语中也有这个词,其读音和含义没有变化。《伽萨》颂歌原是《亚斯纳》的组成部分,因相传为教主琐罗亚斯德本人吟咏的诗篇,享有特殊的荣誉和地位,故被后人从《亚斯纳》节抽出来,作为单独的一卷。

《伽萨》颂诗共分五篇,十七章,二百三十八节。它们是:(一)《阿胡纳瓦德·伽萨》(Ahuriavad-gāthā),七章(《亚斯纳》第28—34章),一百节,每节三句,每句十六个音节,读时在第七个音后顿开;

---

① 分别指远古时代的琐罗亚斯德、宗教时代的琐罗亚斯德和萨珊王朝时期的大祭司长阿扎尔帕特·梅赫拉斯潘丹。参看穆军默德·塔吉·巴哈尔:《文体修辞学》,第1卷,德黑兰,1958年版,第14页脚注。

(二)《奥什塔瓦德·伽萨》(Oshtavad-gāthā),四章(《亚斯纳》第43—46章),六十六节,每节五句,每句十一个音节,读时在第四个音后顿开;(三)《塞潘特马德·伽萨》(Sepantmad-gāthā),四章(《亚斯纳》第47—50章),四十一节,每节四句,每句十一个音节,读时在第四个音后顿开;(四)《沃胡赫什塔尔·伽萨》(Vohukhshtar-gāthā),一章(《亚斯纳》第51章),二十二节,每节三句,每句十四个音节,读时在第七个音后顿开①;(五)《瓦希什图依什特·伽萨》(Vohishtoisht-gāthā),一章(《亚斯纳》第53章),九节,每节四句,两长两短。长句十九个音节,读时分别在第七和第十四个音后顿开;短句十二个音节,读时在第七个音后顿开。五篇《伽萨》篇幅大小不等,各章长短不一,其中最长的是第三十一章和第五十一章,各有二十二节,第四十七章最短,仅有六节。伊朗学者把《伽萨》颂歌称作"音节体诗",并认为"在语言修辞和韵律格式上,它与包括《亚斯纳》在内的《阿维斯塔》其他部分相比,风格显得更加古朴"。②

《伽萨》颂诗因年代久远,语言古老,本来就深奥难懂,再加上浓厚的宗教哲理色彩,就越发令人费解了。伊朗国内外学者《伽萨》诗歌的专释和译注,虽然已有二百多年的历史,但至今意见分歧,看法不一。然而,对于《伽萨》颂诗的重要性,学术界却众口一词,有共同的认识。"若能读通《伽萨》,就不难把握古《阿维斯塔》的精神实质。"阿巴斯·梅赫林教授这样说,"即使今天看到的仅为原作三分之一篇幅的《阿维斯塔》残卷全部散佚,只要《伽萨》部分尚存,就足以使我们理解琐罗亚斯德教教义的真谛。"③照此说来,如果我们把波斯古经《阿维斯塔》比为一座文化宝殿,那么《伽萨》岂不就是开启这座宝殿的一把金钥匙吗?

---

① 参看贾利尔·杜斯特哈赫:《〈阿维斯塔〉——琐罗亚斯德教的圣书》(德黑兰,1976年),《伽萨》引言,第27—29页。
② 同上。
③ 阿巴斯·梅赫林:《阿维斯塔时代文学史》,德黑兰,1972年版,第141页。

四

教主琐罗亚斯德在五篇《伽萨》中,用简洁、质朴的语言,首次提出了著名的善恶二元的宇宙观,并以饱满的热情讴歌了唯一万能之神阿胡拉·马兹达及其六大助神;在虔诚地颂扬众神灵的过程中,他言简意赅地宣讲了以"抑恶扬善"为主旨的新的宗教信条和道德原则,无比愤怒地揭露和斥责了冥顽不灵、倒行逆施的"迪弗·亚斯尼"教派。依我之见,把这些内容加在一起,就构成了西方所谓的琐罗亚斯德的宗教—哲学体系,或称琐罗亚斯德学说的核心。

首先应该指出,琐罗亚斯德在《伽萨》中并没有,也不可能对他的善恶二元思想进行全面系统的论述。然而,只要我们仔细研读《伽萨》颂诗,就不难发现:琐罗亚斯德提出的善恶二元思想,像一根红线贯穿在其中,甚至可以说整部《阿维斯塔》的字里行间,无处不闪耀着这种思想的光辉。

在琐罗亚斯德看来,未有宇宙之初就存在着善与恶两大本原。善本原是真诚、善良、纯洁、智慧和创造的体现,是光明和生命的源泉;恶本原则是虚伪、邪恶、污秽、愚昧和破坏的代表,是黑暗和死亡的根源。这位伊朗的第一位先知在《伽萨》第一篇中庄严地宣布:

> 思想和言行皆有善恶之分,
> 只因原始之初两大本原并存,
> 真诚者求善,从恶乃虚伪之人。

(30:3)

生命宝殿善端起，死亡魔窟恶端立，

来日善者在天国分享阿胡拉的恩惠，

恶者将跌落阿赫里曼阴暗的地狱受罪。

(30:4)

善端的主宰是阿胡拉·马兹达（Āhurā-Mazdā），词义为至高无上的智慧之神，又称斯潘德·迈纽（Spand-Mainyu），词义为神圣的智慧；恶端的元凶是阿赫里曼（Āhriman），词义为居心险恶者，又称安格拉·迈纽（Āngra-Mainyu），词义为邪恶的教唆者。在相互对立的善与恶、光明与黑暗两大本原之间，充满了各种矛盾和斗争。高大魁梧的斯潘德·迈纽"以辽阔无垠的天空做锦衣，信奉善良和真诚；心怀鬼胎的阿赫里曼，专事虚伪和恶行"。（30:5）善与恶，光明与黑暗两大本原"思想有别，言行不同，灵魂信仰各异，实难相容"。（45:2）正是这种善恶之间势不两立的矛盾斗争的存在和发展，构成了世界万物的变化和有规律的运动。我们在《阿维斯塔》各部分中读到的天神地祇和妖魔鬼怪，为民除害的英雄豪杰和残害百姓的暴君奸宄，笃信正教的善男信女和崇祀恶魔的叛逆之徒，以至大自然给人类带来的恩典和灾害，等等，无不是善恶二宗对立、矛盾和斗争的具体表现。因此应该说，光明与黑暗两大势力的矛盾和斗争是无时不在、无所不在的。不言而喻，琐罗亚斯德的善恶二元论，完全是由他生活的时代所决定的。这种理论实际上反映了由原始公社制社会向奴隶制社会过渡时期氏族部落之间、革命进步势力和反动落后势力之间广泛存在的各种社会矛盾的尖锐性和不可调和性。

根据琐罗亚斯德教的传说，原始之初就存在着各自独立的光明与黑暗两个世界。光明世界的统治者马兹达智慧无比，他预见到黑暗世界的恶魔阿赫里曼迟早要来进犯，于是着手创造了神灵的天国。三千年过后，恶魔阿赫里曼无意中发现了光明世界，惊愕之余，产生了必欲置其死地而后快的邪念。他制造出形形色色的妖魔鬼怪，狂妄地向马兹达提出了挑战。经过一番较量，阿赫里曼不是对手，但他并不甘心失败。结果双方商定，进行为期九千年的斗争以决雌雄。头三千年内，阿赫里曼慑于光明世界的强大，未敢轻举妄动，蛰居于魔窟之中，等待时机，以求一逞。马兹达却利用这段时间充实了神灵的天国。他首先创造出六大天神作为自己的助手，继而造出"火、气、水、土"四大要素，最后利用一年时间，分六次先后创造了天空、江河、大地、植物、动物和人类，并将天空划分为七层，自己高居于光芒万丈的七层天的顶端，做好了迎战的准备。第二个三千年开始，在女妖的百般蛊惑下，阿赫里曼率领众妖魔杀向光明世界，大肆摧残马兹达的创造物。马兹达奋起反击，痛歼众妖魔。阿赫里曼一败涂地，仓皇逃回阴暗的魔窟。但是，众妖魔带来的虚伪、奸诈和暴虐，贫穷、疾苦和灾难，以及各种毒蛇猛兽却保留下来，继续危害世间万物。进入最后三千年，神主马兹达应不堪忍受折磨的牛精的恳求，选派琐罗亚斯德的灵体下凡，以拯救世民于水深火热之中，以指引百姓抑恶扬善，弃暗投明，帮助马兹达彻底战胜以阿赫里曼为首的众妖魔，清除世上的一切邪恶势力，还光明世界以本来的面貌。①

读了巴列维文宗教文献《班达赫申》中记载的这则神话故事，大概会使人联想起古代伊朗摩尼教（创立于公元240年）的主要教义"二宗三际论"。教主摩尼认为，光明和黑暗原本是互相对峙、互不侵犯、断然分开的两个王国，这就是初际的情景；从黑暗侵入光明，明暗发生大战，世界和人类的出现，直至世界被大火毁灭，都属于中际时期；此后，便进入了后际时期，即恢复到原来初际时的那种情景。② 通过比较，我

---

① 参看埃赫桑·亚尔沙泰尔：《古波斯神话传说》，德黑兰，1958年版，第13—27页。
② 参看林悟殊：《古代摩尼教》，商务印书馆1983年版，第11—23页。

们可以清楚地看出：摩尼和伊朗第一位先知琐罗亚斯德一样，都是用光明和黑暗，即善和恶二宗的活动来解释世界的本原、形成及其结局，进而对世界提出了自己总的看法，并创立了一个完整的宗教神话体系。从这个意义上讲，摩尼的"二宗三际论"不正是对琐罗亚斯德善恶二元思想的继承和发展的结果吗？当然，由于所处的时代不同，两者之间有许多本质的区别，因内容与本文无关，不必赘述。

概括起来说，未有世界之初就存在着相互对立的善与恶两大本原，就存在着以马兹达为最高代表的光明势力与以阿赫里曼为元凶的黑暗势力的矛盾和斗争。这场关系到人类命运和世界前途的广泛斗争要持续若干千年，最后必将以善神的完全胜利和恶魔的彻底失败而告终。到那时，天地间将焕然一新，恢复光明世界的原来模样，这就是琐罗亚斯德善恶二元论的基本内容。作为神主马兹达使者的琐罗亚斯德，正因为对光明的未来充满了必胜的信念，所以才引吭高歌，唱出动人心弦的铿锵诗句：

> 崇奉真诚、善良本原的正教徒，
> 在抑恶扬善的斗争中将获得神助，
> 世界末日顺利通过熔铁的考验，
> 走向永恒的光明天国，昂首阔步！

（30：7）

五

根据古波斯神话传说，善神马兹达完成开天辟地的工作之后，决定由自己主管人类的事务，并向六大天神分派了掌管尘世万物的职权。这六大天神依次为：(一)巴赫曼(Bahman)，在天国代表马兹达的智慧和善良，在尘世为动物神。(二)奥尔迪贝赫什特(Ordibehesht)，在天国代表马兹达的至诚和纯洁，在尘世为火神。因熊熊之火受到人类的特别崇敬，此神被奉为神主马兹达之子。(三)沙赫里瓦尔(Shahriyar)，在天国代表马兹达的威严和统治，在尘世为金属神，并负责救助穷苦百姓。(四)斯潘达尔马兹(Spandārmaz)，在天国代表马兹达的谦虚和仁爱，在尘世为土地神。大概为了鼓励人们从事农田耕作，此神被奉为神主马兹达之女。(五)霍尔达德(Khordād)，在天国代表马兹达的完美和长寿，在尘世为江河之神。因水在人类生活中极其宝贵，故另有次等的司江河的神灵。(六)阿莫尔达德(Āmordād)，在天国代表马兹达的永恒和不朽，在尘世为植物神。这六大天神全是神主马兹达的创造物，被统称作阿姆沙斯潘丹(Āmshāspandān)。① 天国的神主马兹达借助六大天神统治着尘世万物，这样就把天上人间紧密地联系在一起，使人感受到天神的庇佑和温暖，进而产生无限崇敬的心情。

恩格斯在揭示一神教产生的历史过程时曾指出，原来多神信仰中的许多神具有自然属性和社会属性的两重性，"在更进一步的发展阶段

---

① 参看贾利尔·杜斯特哈赫：《〈阿维斯塔〉——琐罗亚斯德教的圣书》，第32、40、53页注释，另参看巴赫拉姆·法尔瓦尔丁《巴列维语词典》，第573、52、531、511、631、18和15页有关词条。

上，许多神的全部自然属性和社会属性都转移到一个万能的神身上，而这个神本身又只是抽象的人的反映。这样就产生了一神教"。① 显而易见，阿胡拉·马兹达就是这样一个具有抽象人性的万能的神。他既是天国的统治者，又是世间万物的主宰。象征着人类各种优良品德的六大天神合在一起，便组成了体现着真、善、美的神主马兹达。天上出现了至高无上和主宰一切的神主，乃是人间有了最高统治者的反映。我们透过神主马兹达及其六大助神的相互关系，不是可以看出在由原始公社解体到国家产生过程中存在着的那种部落联盟军事首长与各联盟部落酋长之间的主从关系的影子来吗？

五篇《伽萨》中对神主马兹达及其六大助神的赞颂和溢美之词俯拾即是，不胜枚举。兹录第四十四章第六、七节为例：

呵，阿胡拉！请您告诉我：
使者能否为黎明百姓带来福音？
奥尔迪贝赫什特和斯潘达尔马兹肯否佑助？
你的巴赫曼果真将赐予我们天国的恩惠？
神主呵，你为何人培育出肥壮的家畜？

呵，阿胡拉！请你告诉我：
尊贵的沙赫里瓦尔和斯潘达尔马兹谁创造？
谁明智地让父亲对儿子疼爱和照料？
神主呵，我坚信这所有的一切，
全是你，圣洁的斯潘德·迈纽的功劳！

---

① 恩格斯:《反杜林论》,《马克思恩格斯选集》(第3卷)，人民出版社1972年版，第355页。

以上两节诗中提出了一连串发人深省的问题，充分反映出古代伊朗人对千变万化的自然现象和社会生活的细心观察和深邃思索。而对教主琐罗亚斯德说来，其用意无非是要给人以如下的启迪：六大天神的出现，上天下地的布局，日月星辰的运行，风驰云涌的变幻，江河湖海的奔流，花草树木的生长，人类生活的节奏，昼夜的循环往复，乃至父子的骨肉之情。这一切无不是神意的安排和神力的作用，进而引导人们顺理成章地得出只有虔诚地礼拜至高无上、独一无二的神主马兹达，才能禳灾祛祸，求得永恒幸福的结论。难怪阿巴斯·梅赫林教授要把问话连篇的《亚斯纳》第四十四章称作"琐罗亚斯德神教的宣言书"[①]了。

六

关于神主马兹达宣布天启，和使者琐罗亚斯德奉命下凡的神话故事，在《伽萨》第一篇第二十九章中有具体生动的描述。本章开头先写备受折磨的牛精古舒尔万（Gōshurvan）[②]向神主马兹达诉苦和恳求："世道的不公与严酷令人难以忍受！请将农夫的欢乐与幸福恩赐于我，呵，造物主！唯独你能把我庇佑。"（29：1）接着写神主马兹达征求头两位大天神的意见："能救助牲畜的人在哪里？谁能为之提供牧场和耕地？挑选何人下凡才能消泯暴虐和虚伪？"（29：2）奥尔迪贝赫什特回答说："赞美我，且得我佑助之人，乃黎民百姓中最强有力者。"（29：3）巴赫曼指名道姓地答道："听从我们教诲的琐罗亚斯德·斯皮塔曼[③]，才是唯

[①] 见《阿维斯塔时代文学史》，第121页。
[②] 牲畜的庇护神。据巴列维文宗教文献《班达赫申》记载，它原是神主马兹达创造的第一头公牛，后被恶魔阿赫里曼折磨致死，其灵魂升天，向神主诉苦，并恳求马兹达选派使者下凡，拯救世界。
[③] 斯皮塔曼（Spitāman），是琐罗亚斯德的姓氏。

一合适的人选。"(29：8)牛精听到这里,似乎有点失望:"获得强者的统治乃我之心愿,岂能满足于懦夫的无力呼唤?呵,无与伦比的神助何日才能实现?"(29：9)琐罗亚斯德闻听此言,挺身而出,毅然表示决心:"众民呵,请接受我和我的传教吧!真诚、善良和秩序自天而降,神主呵,我将奋起捍卫你的美好愿望!"(29：11)这一章以类似戏剧对白的形式,栩栩如生地描绘出使者琐罗亚斯德奉命下凡的场面,给人留下极为深刻的印象。

琐罗亚斯德的传教活动并不是一帆风顺,遂心如意的。布道之初,他遭到坚持传统宗教信仰的巫师术士的竭力反对,几乎落得"茕茕孑立,形影相吊"的可悲境地。有诗为证:

去何处求援?哪儿是我落脚之地?
武士和祭司们与我背道而驰,
农民的表现也不能令人满意,
伪善的统治者专门跟我作对,
呵,阿胡拉!叫我怎能取悦于你?

(46：1)

神主呵!我之所以力不从心,
只因财产甚少,亲朋寥寥无几;
呵,阿胡拉!我之所以向你诉苦,
但求多加关照,给予挚友的支援,
让我彻底领悟正教和从善的真谛。

(46：2)

第四十六章第十四节中,神主马兹达告诉孤独无依的琐罗亚斯德说，凯·古什塔斯布国王将助他一臂之力，使正教得以发扬光大，广为传播。使者琐罗亚斯德遵从神主的启示，奔赴巴尔赫宫廷，果然取得传教的成功。由此看来，不仅使者的降世是神意的安排，就连正教由弱小到强大的发展，也是神圣的天启使然。相信天启乃是一神教最基本的特点之一。这里再次证明琐罗亚斯德在宗教信仰方面是一神论者。除凯·古什塔斯布国王而外，《伽萨》中对其他传说中的帝王只字未提，但对正教最早的皈依者和赞助者却不乏赞美之词。颂诗中提到的著名宗教人物有大臣贾马斯布（Jāmāsb）和法拉舒什塔尔（Farashushtar）。他们是两兄弟，前者与琐罗亚斯德的小女儿普鲁奇斯塔（Pouruchista）结为夫妻，后者把自己的女儿赫沃维（Hvoyi）许配给了琐罗亚斯德。还有教主琐罗亚斯德的妻孥和表弟马迪尤马赫（Madyumāh）。再有名叫法尔扬（Faryān）的突朗家族。上述人等在琐罗亚斯德创教初期立下了汗马功劳，因而特别受到教主由衷的祝福：

以善思、善言和善行取悦神主，
向马兹达顶礼膜拜，馨香祷祝，
并为使者传教开辟前进的道路，
他们呵，理应在天国享受清福！

（53：2）

七

前面引诗中提到的善思、善言和善行,是以"抑恶扬善"为主旨的琐罗亚斯德教的基本信条之一。教主琐罗亚斯德在《伽萨》中谆谆教诲人们要念念不忘实行"三善"原则。他本人身先士卒,努力实践,并信誓旦旦地表白说:

愿将自己的善思、善言和善行,
整个一生及对正教的无比虔诚,
统统奉献给神主马兹达的天宫。

(33:14)

《伽萨》颂诗中提到"三善"的地方很多,但却没有一处讲明"三善"所包括的具体内容。按照伊朗史学家哈桑·皮尔尼亚·莫希尔杜拉的解释,"善思"是说要笃信和崇祀神主马兹达,视其为善的唯一本原,切忌狂妄自大,亵渎神明,不得有邪念和忌妒心;"善言"是说要歌颂和赞美神主马兹达及其六大助神和众神祇,力戒撒谎、行骗、争吵和谩骂,不事污蔑和诽谤;"善行"是说要虔诚地礼拜诸神,严格遵守教规,不犯戒律,做到尽善好施,扶弱济贫。① 当然,这只是一家之言,姑妄听之,算不得什么金科玉律。

其实,前文提到的六大天神分别代表的神主马兹达的各种优良品德,诸如智慧、善良、纯洁、诚实、谦虚和仁爱等,何尝不属于"善"?而恶魔阿赫里曼所显示的愚昧、邪恶、污秽、虚伪、骄矜和残暴等,何

---

① 见《伊朗通识》,第 265 页脚注。

尝不属于"恶"?"但是问题毕竟不是这样简单地解决的。如果事情真的这样简单,那么关于善和恶就根本不会有争论了,每个人都会知道什么是善,什么是恶。"① 恩格斯把善恶观念看作是一种道德观念,他认为"一切已往的道德论归根到底都是当时的社会经济状况的产物。"② 而在阶级社会中就只有阶级的道德。教主琐罗亚斯德生活在原始公社制社会逐渐解体和奴隶制社会初步形成的时代。在这个由一种社会形态跃入另一种社会形态的大变动时期,凡是有助于推进这种历史演变过程的思想、言论和行动,就应该算作善思、善言和善行,即属于"善",反之则属于"恶"。以此作为准绳和标尺去衡量琐罗亚斯德所倡导的"三善"原则,应该说它还是有进步意义的。

琐罗亚斯德教有这样的说法:凡是严格遵照"三善"原则行事的善男信女,死后其亡灵将顺利通过善思、善言和善行三道关口,然后进入光辉灿烂的天国;而那些倒行逆施、兴恶灭善的邪教徒,到头来必将落得可悲的下场:

> 拜倒在残暴君王脚下的伪信者,
> 心术不正、语言不善、行为不端,
> 他们只配与罪恶的幽灵相聚会餐,
> 最终跌落地狱——谎言的魔殿!

(47:11)

把现世是否奉行"三善",提到来日能否进天堂的高度来认识,这就必然引起教民的极大重视。显然,琐罗亚斯德提倡的"三善"原则,不仅是宗教上的重要信条,同时也是待人处事的道德规范。这种建立

---

① 恩格斯:《反杜林论》,《马克思恩格斯选集》,第3卷,第132、134页。
② 同上。

在"三善"基础上的道德观,通过宗教的广泛传播,曾对古代伊朗和中亚地区各族人民文明道德的建设做出了宝贵的贡献,因而为历代史学家所称道。至今伊朗人每当提起琐罗亚斯德倡导的"三善"原则,依然赞不绝口,引以自豪,足见其影响深远。

八

琐罗亚斯德教认为,尘世是以神主马兹达和恶魔阿赫里曼分别代表的善与恶、光明与黑暗两大势力进行殊死斗争的战场,作为善神创造物的人类自觉不自觉地都势必投身于这场关系到人类命运和世界前途的斗争中去。是听从神主马兹达及其使者的召唤,皈依正教,为抑恶扬善贡献力量呢?还是唯恶魔阿赫里曼的马首是瞻,充当妖魔鬼怪的帮凶,为非作歹,兴恶灭善呢?每个人皆有选择的自由。那么,究竟应该从事哪些工作才算是抑恶扬善之举呢?要怎样行动才能取悦于神主,以拯救自己的灵魂呢?除了前面提到的奉行"三善"原则之外,具体说来,必须积极从事耕耘稼穑,饲养牲畜、修建房屋、挖掘坎儿井和种植果木等,这些工作都有助于神主马兹达所进行的善的创造。其中尤以农耕和养畜两项最为重要,在《伽萨》中被提到的次数也最多。如,"以正教为黎明指明正途者是我,愿巴赫曼对耕耘稼穑多加指点,务必勤恳努力,不可丝毫怠惰!"(33:6)这里把农田耕作与天神的指导挂起钩来,从而大大增强了感召力。在第三十四章第十四节,琐罗亚斯德祈求神主降福给辛勤耕耘、蓄养牲畜的农牧民:

> 神主呵!愿你将期待已久的奖赏,
> 赐予耕田种地、精心养畜的行善者,
> 正是你智慧的宗教使农牧业发达兴旺。

联系到琐罗亚斯德竭力反对邪教徒宰牲献祭来看,他提倡和鼓励人们从事农耕和养畜业,无疑是有利于促进当时社会生产力的发展的。在原始公社制社会逐渐解体和奴隶制社会形成的初期,农业和定居的养畜业总比逐水草而居的游牧部落的自然牧放要先进,因为后者对维护建立在血缘关系基础上的氏族公社有利;而前者则有助于以地域关系结合起来的农村公社的形成,并进而导致奴隶制国家的产生。从这个意义上说,琐罗亚斯德就不仅是传统宗教的革新者,而且是当之无愧的社会改革家。

九

大凡一神教都有"后世"的观念,琐罗亚斯德教也不例外。伊朗最早的先知认为,人的灵魂由神主马兹达创造,它是永恒不灭的。人死后灵魂出窍,最初三日内盘旋于死者的躯体之上,仍能感受到世间的凉暖苦乐,所以家人要在此时举行祭奠,以告慰亡灵。三日过后,幽灵将被风吹送至"钦瓦特"①桥头,接受神的检验。凡虔诚的正教徒,因生前行善积德,身心清白,其亡灵将由花容月貌的女仙引路,安然通过宽敞的大桥,再经过善思、善言和善行三道关口,即可升入无限光明的天国,与众神灵欢聚一堂。正如琐罗亚斯德在《伽萨》中吟唱的那样:

神主马兹达和诸天天神呵!
此时此刻我引吭高歌把你们颂赞,
但愿正教徒所梦寐以求的女仙,

---

① 钦瓦特(Chinvat),含有鉴别之意,据宗教传说此桥横架在厄尔布尔士山与达伊蒂克山之间。

在通往加尔扎曼①的路上飘然出现！

（50：4）

凡冥顽不灵的伪信者，因生前作恶多端，身心污秽，其亡灵将由丑陋不堪的妖婆带路，走上变得细如毫发的钦瓦特桥，最终跌落阴森可怖的地狱，与恶魔阿赫里曼相依为伴：

伪信者居心不良将自食恶果，
其亡灵必从钦瓦特桥上坠落，
因为他背离正途，罪不容赦！

（51：13）

如果死者生前所作所为善恶参半，功过相等，其亡灵又将何往？这个问题可从《伽萨》第三篇第四十八章第四节中找到答案：

今朝皈依正教，奉"三善"为圭臬，
明日改宗邪教，干出罪恶勾当，
呵，马兹达！根据神意的判决，
其亡灵的归宿将是哈梅斯塔坎。

哈梅斯塔坎（Hamestakan），介于天堂和地狱之间的地段，亦称阴阳界。亡灵将在那里等待终审日的到来。世界末日来临之际，亦即神主马兹达与恶魔阿赫里曼进行较量的最后三千年结束之时，名叫"索

---

① 加尔扎曼（Gaezamān），词义为上界，即永恒的天国，神主马兹达光焰无际的住地。

什扬特"①的救世主将宣布复活日的来临，并唤醒众亡灵进行最终的审判。此时整个大地将被洪水般的熔铁所覆盖。善良信士的灵魂经受住灼热的熔铁的考验，升入天国；而离经叛道者的幽灵将在流金铄石中发出痛苦的哀号，坠落地狱。阿赫里曼带到人世间的一切邪恶和污秽之物被荡涤之后，整个世界将焕然一新，大放光明，一如原始之初那样。显然，所谓"后世说"，不过是一种宗教幻想。但是，若把琐罗亚斯德的"后世说"与他所宣扬的"抑恶扬善"的教义宗旨联系起来看，则不能不承认其中含有劝善惩恶的积极因素，或者说，在某种程度上反映了古波斯人善有善报、恶有恶报的善恶报应观。

✝

最后，我们来谈谈琐罗亚斯德在《伽萨》中对"迪弗·亚斯尼"教派的揭露和批判。"迪弗"（Dev）的复数形式为"迪万"（Devān），是指古代伊朗雅利安人游牧部落信奉的自然界诸神祇。这个词在阿维斯塔语和吠陀语中分别读作"达埃瓦"（Daeva）和"戴瓦"（Deva），本来含有天神和光芒的意思，琐罗亚斯德反其意而用之，称其为妖魔鬼怪，以表示自己与传统的自然崇拜和多神信仰分道扬镳，实行彻底决裂，而另立以马兹达为唯一神主的新教的坚强决心。②"亚斯尼"（Yasni）意为崇拜和颂扬。"迪弗·亚斯尼"是复合词，意即魔鬼崇拜者。该教可简称"迪弗教"，其教徒在《伽萨》中被称作伪信者或邪教徒。"马兹达·亚斯

---

① 索什扬特（Soshyānt），词义为救世主，琐罗亚斯德教对第三位隐循先知的称呼。据《阿维斯塔》文献记载，教主琐罗亚斯德升天后，每过一千年都有一位隐循先知出世，拯救世界于阿赫里曼造成的灾难之中，随着第三位隐循先知的问世，终审日也将来临。
② 印度雅利安人保留了"迪弗"一词的天神含义。据语言学家考证，拉丁文中的"迪乌斯"（Deus）、希腊文中的"宙斯"（Zeus）和法文中的"迪厄"（Dieu）与"迪弗"是同根词。

尼",意即马兹达崇拜者。该教可简称"马兹达教",也就是后人所谓的琐罗亚斯德教,其教徒在《伽萨》中被称作行善者或正教徒。"迪弗·亚斯尼"教奉祀的众神祇全是恶魔阿赫里曼为自己制造出来的帮凶,他们被视为尘世间一切腐朽没落、卑鄙无耻的邪恶势力的化身。信奉众迪弗的邪教徒兴恶灭善,以假乱真,以丑为美,对马兹达教的传播极尽阻挠、破坏之能事,专门与琐罗亚斯德作对,千方百计地把黎民百姓引向罪恶的歧途。《伽萨》各篇中均有对"迪弗·亚斯尼"教派的揭露和批判,如第三十二章第三和第五两节:

> 呵,来自邪恶本院的众迪弗,
> 你们的崇拜者乃虚伪狂妄之徒,
> 在第七个国家③早已臭名昭著!
> 呵,众迪弗以邪恶的思想和言行,
> 欺骗民众,使之丧失美好的前程,
> 此乃阿赫里曼传授给你们看家本领。

仅用六句诗,就把众迪弗与恶本原阿赫里曼的主从关系交代得一清二楚,并将众迪弗及其崇拜者的丑恶面貌揭露无遗。教主琐罗亚斯德尤其不能忍受"迪弗·亚新尼"教派的首领及其追随者残酷虐待和大肆屠杀牲畜,破坏农业生产的罪行。他满腔怒火地斥责道:

> 众迪弗何日曾发过善心?
> 卡拉潘、乌西杰和卡维,④

---

① 古波斯人把整个世界划分为七个国家,认为伊朗是处于中间的第七个国家,它的面积是其余六个国家面积之和。
② 卡拉潘(Karapan)、乌西杰(usij)、卡维(Kavi)全是顽固坚持自然崇拜和多神信仰的"迪弗·亚斯尼"教派的部落首领。

宰牲献祭手段何其残忍！
休道伪信者也养殖畜群，
那并非为了荒地的开垦。

(44：12)

以其言行折磨牲畜的卡拉潘，
与农业的道德和原则背道而驰，

愿神主即刻宣布对他们的审判！

(51：14)

  在第三十二章琐罗亚斯德严厉地指责罪恶昭彰的卡维、卡拉潘和格拉赫马①"蛊惑伪信者任意宰割牲畜，扬言以血祭求得祛病禳灾的神助"(32：14)，痛斥他们，"亵渎太阳神虐待牲畜，将大片良田糟蹋成荒漠，向智慧善良者挥舞板斧！"(32：10) 诅咒他们"来日跌落阴森可怖的魔窟，发出哀叹、呻吟、忍受痛苦"(32：13)。琐罗亚斯德还公开宣称"本德瓦②是我最凶恶的仇敌"，并祈求第一大天神巴赫曼"置其于死地"(49：1)。以上诗句感情沛然，铿锵有力，充分表达出作者对倒行逆施者的深恶痛绝。从中我们不难看出"迪弗·亚斯尼"和"马兹达·亚斯尼"是势不两立的两大教派，它们之间的斗争是针锋相对、你死我活的斗争。如前所述，这种激烈的宗教斗争乃是当时社会政治斗争的直接反映，因而值得我们加以重视和研究。

  关于琐罗亚斯德的善恶二元论，以及建立在这种宇宙观基础上的

---

① 格拉赫马（Grahma）和本德瓦（Bandva）也是顽固坚持自然崇拜和多神信仰的"迪弗·亚斯尼"教派的部落首领。

② 同上。

宗教信仰、道德观念和社会观点，以上所举，仅是荦荦大端。此外，《伽萨》中还有些颂歌也值得一提，如第三十四章第四节对"圣火"的赞扬：

> 神主的圣火具有真诚的力量，
> 愿它给教友带来幸福和安康，
> 愿它使敌人遭受痛苦和灾殃。

众所周知，琐罗亚斯德教以崇拜圣火而闻名于世，故而有拜火教之别称。在古波斯人眼中熊熊燃烧的火焰，闪耀着生命和欢乐，象征着光明和未来。火光给人以鼓舞和力量，令人奋发向上，执着地追求美好的理想。正因为如此，古波斯人才把圣火尊崇为神主的骄子，虔诚地供奉在神庙里，使之长燃不息，永放光芒！在古波斯经籍书文和古希腊史著中，都有关于先知琐罗亚斯德降生时面带微笑的记述。这虽然只是神话传说，但其中却包含着这样的寓意：琐罗亚斯德所创立的宗教的教义是乐观的，积极的，而不是消极的，悲观厌世的。这里我们不妨援引阿契美尼德王朝的著名国君大流士大帝（前522—前486在位）碑志中的一段话来做证："伟大的天神阿胡拉·马兹达创造了地，创造了天，创造了人，并为人创造了欢乐。"①

开伊朗诗歌创作之先河的《伽萨》颂歌，是古人致祭行礼时吟咏的祈祷诗，为达到渲染气氛的目的，词句多有复沓，虽不要求严格地押韵，但音乐性强，节奏鲜明，读来朗朗上口，富有民歌特色。《伽萨》各篇章使用的格律不同，②诗歌的艺术表现形式各异，有的诗直抒胸臆，情见于辞，感人至深；有的诗采取问答方式，或自问自答，或问而不答，

---

① 转引自《〈阿维斯塔〉——琐罗亚斯德教的圣书》，序言，第9—10页。
② 《伽萨》颂诗的格律有三种，与《黎俱吠陀》使用的"伽伊特里"（Gaitry）、"特里什图酱"（Trishtup）和"贾加蒂"（Jagati）三种主要格律相似，见《阿维斯塔时代文学史》，第97页。

发人深省；有的诗借助隐喻，贴切恰当，增强了艺术感染力；有的诗运用戏剧性的对白，生动活泼，饶有趣味；有的诗富于哲理，语意隽永，耐人寻味。总之，《伽萨》颂歌尽管宗教理论色彩相当浓厚，但其中不乏给人以艺术享受的名篇佳作，读者从以上引诗中自可窥豹一斑。平心而论，两千五百多年前的古波斯人能写出如此内容丰富、形式多样的诗歌来，确实是难能可贵的。

第三章　试论《阿维斯塔·亚什特》颂神诗

具有悠久历史和文化传统的中亚国家伊朗，如同印度、埃及和希腊等世界文明古国一样，也有丰富多彩、优美动人的神话与传说故事。大家知道，与印度的《摩诃婆罗多》一起被誉为东方两大史诗的《王书》（又译《列王纪》），就是中世纪波斯的伟大诗人菲尔多西（935—1020）的不朽之作。这部鸿篇巨制，洋洋十万余行，从传说中伊朗卑什达德王朝的第一位国君凯尤马尔斯写起，至萨珊王朝（224—651）倾覆为止，栩栩如生地描绘了数千年间五十位帝王的文治武功，和以传奇式的英雄鲁斯塔姆为典型代表的众多勇士的丰功伟绩，成功地向我们展示出古代伊朗的社会风貌和风土人情。《王书》中记述的原始神话、英雄传说和历史故事以其特有的奇光异彩和东方情调，引起了世人的瞩目和极大兴趣。因此，只要一提起伊朗古代的神话传说，人们自然而然地便会联想到这部卷帙浩繁的著作；殊不知，早在《王书》问世一千五百多年以前，即公元前7—前6世纪形成的波斯古经《阿维斯塔》里，就包含有大量原始神话和传说的内容。

《阿维斯塔》作为琐罗亚斯德教（即祆教，亦称拜火教）的圣书，是伊朗最古老的一部诗文总集。相传古人曾用金字把它抄写在一万两千张牛皮上，珍藏于波斯帝国的宝库内。公元前4世纪希腊—马其顿的亚历山大大举东征，灭伊朗阿契美尼德王朝（前559—前330），将这部古经付之一炬。尔后，帕提亚（即安息，前247—226）国王巴拉什一世曾下令搜集散失于民间的波斯古经的断简残编，但未能成书，直至萨珊王朝的著名国君阿尔达希尔在位期间（224—241），才在广泛收集资料的基础上，经过认真的整理，由祭司重新编订出二十一卷本巴列维语（中波斯语）《阿维斯塔》（又称《赞德·阿维斯塔》），全书共有三十四万五千七百字。《赞德·阿维斯塔》与古本《阿维斯塔》在内容上虽有出入，但基本上保持了原貌。公元7世纪中叶，游牧的、笃信伊斯兰教的阿拉伯人入主伊朗，萨珊王朝覆灭。丧失国教地位的琐罗亚斯德教从此江河日下，一蹶不振，其圣书《阿维斯塔》也被《古兰经》取而代之。随着岁月的流逝，又屡遭兵燹之患，巴列维语《阿维斯塔》大部分业已散亡，流传至今约残存十四万字。保存在这部古经残卷中的原始神话和传说，虽然显得支离破碎，残缺不全，但对于我们了解原始社会，和由原始社会向奴隶制社会过渡时期的伊朗雅利安人的劳动生活、社会斗争和精神面貌，却是"吉光片羽"，弥足珍贵的。

根据学者们的研究，现存《阿维斯塔》大致可分为《伽萨》《亚斯纳》《亚什特》《万迪达德》《维斯帕拉德》和《胡尔达·阿维斯塔》六部分，它们或多或少都含有若干神话传说的成分。比较而言，《亚什特》中保存的神话传说形式最为古拙，内容也最丰富和引人入胜。《亚什特》是萨珊王朝时期编订的《阿维斯塔》第十四卷，流传下来只剩二十一篇，均以神祇的名字做标题，它们依次为：（1）《阿胡拉·马兹达·亚什特》（神主颂）；（2）《阿姆沙斯潘丹·亚什特》（六大天神颂）；（3）《奥尔迪贝赫什特·亚什特》（第二大天神颂）；（4）《霍尔达德·亚什特》

(第五大天神颂）；(5)《阿邦·亚什特》(江河之神颂)；(6)《胡尔希德·亚什特》(太阳神颂)；(7)《马赫·亚什特》(月亮神颂)；(8)《蒂尔·亚什特》(雨神颂)；(9)《古什·亚什特》(牲畜之神颂)；(10)《梅赫尔·亚什特》(光明与誓约之神颂)；(11)《索鲁什·亚什特》(遵命天使颂)；(12)《拉申·亚什特》(公正之神颂)；(13)《法尔瓦尔丁·亚什特》(灵体颂)；(14)《巴赫拉姆·亚什特》(战争之神颂)；(15)《拉姆·亚什特》(正气之神颂)；(16)《戴因·亚什特》(宗教之神颂)；(17)《帕兰德·亚什特》(财神颂)；(18)《阿什塔德·亚什特》(真诚之神颂)；(19)《扎姆亚德·亚什特》(土地神颂)；(20)《胡摩·亚什特》(酒神颂)；(21)《瓦南德·亚什特》(胜利之神颂)。此外，还有《琐罗亚斯德的祝福》和《古什塔斯布颂》两个残篇。萨珊王朝时期编订的《亚什特》的篇幅，恐怕不止二十一篇，因为巴列维语宗教经典《丁·卡尔特》中提到的有些《亚什特》篇名，现已无从查找。比如《巴赫曼·亚什特》(第一大天神颂)本身虽然散亡，但其巴列维语注释本却依然存在。

二十一篇《亚什特》中因羼入不少注释性文字，所以出现注入经文和经文入注的混乱现象，现经语言学家校勘，业已确定原文的真相。一般认为，《亚什特》颂神诗用音节体诗写成，每篇分为若干章节，各章节长短不一，每句含有的音节数也不等，以八、九和十一个音句居多。就语言和写作方法而言，它们大体上可分为长、短两类。短篇《亚什特》尽是抽象的咒语和祷词，写得枯燥、呆板，读来佶屈聱牙，味同嚼蜡；而神话色彩浓厚的长篇《亚什特》却是文词隽永，风格古雅，堪称古代颂诗的杰作。除了具有特殊地位的《伽萨》——"琐罗亚斯德之歌"而外，《阿维斯塔》其他部分的诗歌都难以同《亚什特》相媲美。单就诗歌的韵律和格式来说，《亚什特》颂神诗比《伽萨》颂诗还要灵活多变；在艺术表现手法上，前者也比后者更趋成熟。

现就《亚什特》颂神诗产生的历史背景、主要内容和艺术特色及其在文学史上的地位和影响诸方面,试做初步的分析和探讨,以求教于同好。

一

从《亚什特》颂神诗所包含的神话和传说的内容来看,其产生的历史渊源可上溯到公元前数千年以前。通过对波斯古经《阿维斯塔》和印度《梨俱吠陀》的比较研究,学者们一致认为,约在公元前三千年左右,属于印欧语系的印度—伊朗雅利安人,大概共同生活在中亚地区阿姆河和锡尔河流域一带。他们所操的语言——吠陀梵语和阿维斯塔语的发音非常接近,他们所信仰的神祇和崇拜的英雄也大抵相同。比如,印伊人游牧部落虔诚地奉祀一种药草,并相信饮用这种药草的汁液可以延年益寿,禳灾祛病。印度人把这种圣草称作苏摩(Somā),伊朗人则称其为胡摩(Haomā)。《梨俱吠陀》有关苏摩的颂诗中,提到阎摩(Yama)是苏摩酒的最早的制作者之一,而在《阿维斯塔》里则把此人称作伊摩(Yīma)。再比如,吠陀梵语称太阳神为密特拉(Mitra),阿维斯塔语则称其为密斯拉(Mithra)。诸如此类的例子很多,这说明远古时期的印伊人具有共同的宗教信仰和神话传说。这个时期的神话和传说在《亚什特》颂神诗中是有所反映的。据专家们考证,以游牧业为主的印伊人这时期可能已由新石器晚期过渡到金属时代,铜和青铜被广泛用于制作生产工具和武器,养畜、农耕和手工业均获得一定的发展;但青铜时代生产力的增长,尚未导致向阶级社会的演进。

约当公元前两千纪中叶,印伊人游牧部落由于人口繁衍和寻觅水草丰盛之地的要求,开始溯阿姆河和锡尔河向中亚南部迁徙。他们中的一部分越过兴都库什山,涌进印度河中上游的旁遮普谷地,被称为印度雅利安人；另一部分直接南下渗入阿富汗和伊朗高原，被称为伊朗雅利安人。从此，伊朗人和印度人分道扬镳，各自揭开了本民族历史发展的新篇章。这种不断地、渐进地向南扩张的移民浪潮，在伊朗高原大约持续了七、八百年的时间。哈桑·皮尔尼亚·莫希尔杜拉在《伊朗通史》中指出，若把《万迪达德》第一章记载的十六个国家，按地理位置顺序排列起来，就不难看出伊朗雅利安人南迁的路线及其分布的地域：他们从原始住地"埃朗维杰"（含有雅利安人故乡之意）出发，经索格德向马鲁和巴尔赫方向迁移，来至尼萨耶、赫拉特和喀布尔后，转向加兹尼、罗哈杰和赫尔曼德河谷地，抵达扎兰格湖畔（今之锡斯坦湖）。可能由于湖面辽阔，不便涉渡；或因大湖以南气候燥热，土地贫瘠，不宜久居，故从锡斯坦折向西行，陆续在霍拉桑南部、厄尔布尔山麓和雷伊一带定居下来①。我们说《亚什特》中的神话传说多产生于伊朗东部和东北部地区，其根据就在于此。

在长达数百年的迁徙过程中，伊朗雅利安人为夺取和占有新的栖身之地，以求得生存和发展，就必须战胜和征服当地的土著部落（如塔普尔人、马尔丹人和黑人部落等）；他们要开发、建设和巩固已有的领地，就必须克服重重困难，付出艰巨的劳动；他们要抵御和抗击后来的异族（主要是萨克人和突朗人游牧部落）的侵扰，就必须拿起武器，团结一致，共同对敌。正是在这种关系到本部落生死存亡的激战中，在这种与自然暴力和社会暴力展开的不屈不挠的斗争中，相继涌现出一大批赫赫有名的部落首领和功绩卓著的英雄豪杰。他们生前深得族人的敬仰和爱戴，死后成为人们缅怀和崇拜的对象。有关他们开拓疆土、建国立业的丰功伟绩，和斩妖除害、为民立功的英雄壮举，在部落成员中世代相传，逐渐形成脍炙人口的神话传说。《亚什特》记载的传说中伊

---

① 参看哈桑·皮尔尼亚·莫希尔杜拉和阿巴斯·艾格巴尔·阿什蒂亚尼，《伊朗通史》，德黑兰（原书未注明出版日期），第12—13页。

朗卑什达德王朝诸帝主王、英雄与以阿日达哈克为主凶的妖魔鬼怪的斗争；凯扬王朝诸帝王、英雄与以阿弗拉西亚布为首的突朗部落的斗争，大概就是这段历史的真实写照和艺术概括。当然，这种原始的艺术品经过后世祭司的加工、制作和润饰之后，难免被涂上一层神秘的宗教色彩；但这段历史的影子仍依稀可见。

如果把伊朗雅利安人长期迁徙的过程，看作是这个民族发展史上的"英雄时代"，那么从公元前7世纪至公元前6世纪中叶阿契美尼德王朝建立，他们就步入了一个独具特色的新时代，即"宗教时代"。宗教时代的伊朗已经开始由原始公社制社会向奴隶制社会过渡，这期间形成的若干奴隶制小国，带有明显的军事部落联盟的特征。在这个由一种社会形态跃入另一种社会形态的大变动时期，势必充满了各种复杂的矛盾和斗争，其中尤以氏族部落之间的矛盾和斗争表现得最尖锐，最突出。这是普遍存在于史前时期各民族发展史上的历史现象。在当时的伊朗，氏族部落之间因兼并土地，抢占水源，掠夺财产和奴隶而发生的频繁战争，带有鲜明的宗教斗争的色彩，甚至可以说直接表现为两大宗教派别的对立和冲突。正是在这种势不两立的两大教派的斗争中，产生了反对传统的自然崇拜和多神信仰，力主奉祀唯一之神阿胡拉·马兹达的琐罗亚斯德教及其圣书《阿维斯塔》。《伽萨》颂诗中有关于"马兹达·亚斯尼"（意为马兹达崇拜者）和"迪弗·亚斯尼"（意为妖魔崇拜者）两大教派之间针锋相对斗争的具体描述。《亚什特》某些颂神诗就是对伊朗第一位先知琐罗亚斯德和最先赞助琐罗亚斯德教的凯·古什塔斯布国王的歌颂。此外，有些神明，如光明与誓约之神梅赫尔，看上去就像是宗教时代的部落联盟军事首长，或者是初期奴隶制国家的君主。

总之，《亚什特》记载的原始神话和传说，其形成的年代源远流长，传播的地域广袤千里，绝非一时一地出自一人的手笔，显然是在世代口耳相传之中，经过无数人的插手制作，最后由掌握文化大权的祭司修改编撰而成。阶级社会的祭司编撰宗教经典自有其目的和用意，但在客观上却为后人保留下来一份珍贵的文化遗产。

二

在具体论述《亚什特》颂神诗的内容之前，有必要对神话学界长期争论未决的一个基本理论问题，即如何认识原始宗教和神话的关系问题，表明自己的观点。笔者认为，原始宗教和神话从产生之日起（约在母系氏族社会初期），就不可分割地共处于一个统一体中。这个统一体就是尚未从经济基础中独立出来的氏族社会的意识形态。它不仅含有原始宗教和神话的成分，而且包括了艺术、哲学、历史、道德和科学等的胚胎和萌芽，因而是一个包罗万象的、未经分化的统一体。从这一点出发去考察原始宗教和神话，不妨可以说神话所表达的是宗教的观念，宗教所崇拜的是神话中的神，两者水乳交融，密不可分[1]。正是基于这样的认识，我才认为二十一篇《亚什特》在热情地讴歌造物主和众神祇的同时，生动地记述了大量古老而优美的神话传说。这些原始神话和帝王英雄传说不仅具有重要的历史价值和美学意义，而且对我们加深理解琐罗亚斯德的"善恶二元论"，及其以"抑恶扬善"为主旨的宗教观也不无裨益。

先来举例分析一下《亚什特》颂神诗中包含的原始神话成分。恩格斯说："原始人看来，自然力是某种异己的、神秘的、超越一切的东西。在所有文明民族所经历的一定阶段上，他们用人格化的方法来同化自

---

[1] 参看格·尼·波斯彼洛夫：《论美和艺术》，刘宾雁译，上海译文出版社1982年版，第282—286页。兰克：《原始的宗教和神话》，载《民间文艺集刊》，第四集，文艺出版社1983年版。

然力。正是这种人格化的欲望,到处创造了许多神"①。司江河的女神阿雷德维·苏拉·阿娜希塔(词义为纯洁而强大的河流),就是伊朗雅利人用人格化的方法创造出来的一位神灵。《阿邦·亚什特》第一章第四节诗云:

>阿雷德维·苏拉·阿娜希塔,
>拥有千条江河,千座湖泊——
>每座湖之阔,每条江之长,
>足够矫健的骑手四十天奔波。
>看呵!她倾注法拉赫·卡尔特②,
>掀起滔天巨浪,两岸涛声大作。

阿雷德维·苏拉·阿娜希塔被看作是江河湖海的统领和化身,因而具有非凡的神力:

>她使男人的精液保持洁净,
>使女人的子宫一尘不染,
>使产妇得以分娩顺利,
>使母亲的乳房柔软而丰满。
>
>　　　　　　　　(1:2)

不仅如此,阿娜希塔还赐予人类极大的恩惠:"纯洁而富有生命力的阿娜希塔,使牲畜繁衍,财富增加,使村社和世界兴旺发达。"(1:1)

---

① 恩格斯:《自然辩证法》,《马克思恩格斯全集》,第20卷,第672页。
② 又称沃鲁·卡沙,是传说中的一条大河,其地理位置不详,可能是指马赞德朗海,即今之里海。

逐水草而居的伊朗雅利安人游牧部落，借助想象和幻想，用人格化的方法同化自然力，把滔滔江河之水视为他们心目中的母亲，于是，尊奉河神阿娜希塔为女性神，对她产生一种特别亲切的感情，自然要以无限美好的词句来歌颂她，赞美她。

  阿娜希塔像往常一样，
  手持巴尔萨姆枝条①，
  四角形金耳环吊在耳旁，
  银项圈套在秀美的脖颈上，
  她紧束细腰乳房高耸，
  显得分外娇娆令人神往。
      （30：127）

  阿娜希塔头戴八角形金冠，
  一个精制的圆环突出在顶端，
  好似车轮上面系着条条彩带，
  镶有百颗明珠银光闪闪。
      （30：128）

  从河神阿娜希塔优美而动人的形象来看，显然她并非一个普普通通的氏族部落的女子，倒更像是母权制氏族社会的一位雍容华贵的部落首领和英姿飒爽的巾帼英雄。这可以《阿邦·亚什特》第三章第十三节诗作为印证：

---

① 琐罗亚斯德教教徒祈祷时手持的桎柳或石榴树的嫩枝，按祈祷的内容不同，所持的枝条数目也不等。

她驾驭着四匹雪白的骏马——
四匹同种同色的高头大马①，
发起猛烈的冲击，向所有的敌人——
魔鬼，女妖、巫师，卡维和卡拉潘②，
轻而易举地战胜邪恶的暴君！

童年时期的人类，由于生产能力和智力水平低下，不可能正确的认识和解释千变万化的自然现象。古代伊朗雅利安人就幼稚而错误地认为，夜空中的繁星包含着水种，那颗最明亮的天狼星蒂什塔尔是众星的统领，所以便被尊崇为兴云致雨之神。《蒂尔·亚什特》第六章第十三节至十九节提到雨神的三次变形：

呵，斯皮塔曼·琐罗亚斯德！③
威严的蒂什塔尔在头十个夜晚，
化作健美、威武的十五岁青年④，
英姿勃勃，在星光中飞驰。

(6:13)

呵，斯皮塔曼·琐罗亚斯德！
威严的蒂什塔尔在中间十个夜晚，

---

① 指神主阿胡拉·马兹达用风、雨、云和冰雹做成的四匹神马。
② 是两个与琐罗亚斯德为敌，信仰和崇拜众妖魔的部落。
③ 斯皮塔曼是琐罗亚斯德的姓氏。
④ 根据琐罗亚斯德教的规定，男子年满十五岁始可系"科斯蒂"腰带，以示长大成人。

化作金犄角的公牛在星光中飞驰。

（6:16）

呵，斯皮塔曼·琐罗亚斯德！
威严的蒂什塔尔在后十个夜晚，
化作一匹金耳朵的白骏马，
戴着金辔头在星光中飞驰。

（6:18）

化作十五岁青年的雨神将恩赐他的赞美者以"健壮的子孙"，化作金犄角公牛的雨神将恩赐他的赞美者以"强壮的牛群"，化作金耳朵白骏马的雨神将恩赐他的赞美者以"矫健的马群"。这些想象奇特的诗句反映出伊朗雅利安人对雨神蒂什塔尔的敬仰和崇拜以及他们对天降甘霖，滋润万物的希冀和求得人畜两旺，生活美满的殷切心情。

马克思说："任何神话都是用想象和借助想象以征服自然力，支配自然力，把自然力加以形象化"①。《蒂尔·亚什特》第六章第二十节至二十九节描述的"雨神与旱魃之战"的神话故事，就不啻是一曲古代伊朗雅利安人抗灾斗争的赞歌。

斯皮塔曼·琐罗亚斯德呀！
威严的蒂什塔尔化作一匹金耳朵的白骏马，
戴着镶金辔头，降落到法拉赫·卡尔特河。

（6:20）

丑陋不堪、狰狞可怖的旱魃阿普沙，

---

① 马克思:《〈政治经济学批判〉导言》,《马克思恩格斯选集》,第 2 卷,第 113 页。

变成秃耳秃颈秃尾巴的黑秃马前来迎战。

(6:21)

呵，斯皮塔曼·琐罗亚斯德！
威严的蒂什塔尔与阿普沙展开激烈搏斗，
连续三天三夜双方鏖战不休，
阿普沙气焰嚣张，蒂什塔尔竟不是对手。

(6:22)

　　首战败北的雨神蒂什塔尔，后来得到神主马兹达恩赐的"十匹马、十只骆驼、十头牛、十座山和十条适于航行的大河之力"(6:25)，再次与旱魃阿普沙交锋，这才赢得决定性的胜利，将其"从法拉赫·卡尔特河边逐出千步之外"(6:29)。

　　这则充满幻想的神话故事，虽然没有曲折动人的情节，但却富有教育意义。雨神蒂什塔尔的初战失利，似乎表明了旱情的严重性和抗灾斗争之不易；雨神的先败而后胜，则充分反映出古代伊朗雅利安人敢于同自然暴力相抗争的勇气，以及他们征服和支配自然力的迫切愿望和不达目的誓不罢休的坚强决心。

　　战争之神巴赫拉姆在阿维斯塔语中被称作"弗拉斯拉格纳"，词义为"置敌于死命者"，是古代伊朗雅利安人信奉的主要神祇之一。《巴赫拉姆·亚什特》从第一到第十章繁简有别地写出这位战神的十次变形，它们依次为疾风、公牛、白骏马、公骆驼、公野猪、十五岁的青年、雄鹰、弯犄角的绵羊、尖犄角的公山羊和勇武的男子汉。巴赫拉姆变来变去，表面看来似乎异常玄妙，其实他的变形始终未能超越现实生活的樊篱。这就再次证明马克思关于神话"也就是已经通过人民的幻想用一种不自觉的艺术方式加工过的自然和社会形式本身"①的论断是千真万确的。《巴赫拉姆·亚什特》第四章第十三节写战神巴赫拉姆"第四次化作撒欢儿的烈性骆驼"：

> 一只威武的银灰色的骆驼，
> 它如炬的目光在黑暗中闪烁。
> 它昂首挺立，口中吐出白沫，
> 俨如独步天下的首领向四下里观望着。

第五章第十五节写战神巴赫拉姆"第五次化作尖齿利爪的公野猪"：

> 一头迅速置敌于死命的野猪，
> 暴怒时令人望而却步。
> 它斑点满头，凶猛异常，
> 是一头时刻准备出击的野猪。

第七章第十九节写战神巴赫拉姆"第七次化作矫健的雄鹰"：

> 那雄鹰捕捉禽兽用利爪，
> 它的尖喙好似一把钢刀。
> 飞禽中它的速度最快，
> 百鸟中数它飞得最高。

骆驼无论在迁徙的游牧生活中，还是在抗击异族的战争中，都担负

---

① 马克思：《〈政治经济学批判〉导言》，《马克思恩格斯选集》，第2卷，第113页。

着重要的任务，因此，把它想象为战神的化身不无道理。至于野猪的异常凶猛和雄鹰的矫健神速，不消说，更应该是战神所具备的本质特征。古代伊朗雅利安人抓住生活中最能体现力量、速度和凶猛特质的动物，来突出地表现巴赫拉姆作为战神的形象，进而抒发他们对骁勇善战的英雄们的爱慕和敬仰之情，还是很妥帖的。诗中提到战神的十次变形，或直接或间接、或多或少都同战争发生一定的关联，从艺术角度分析，这无疑是塑造战神形象所要求的；然而，若从原始人的宗教信仰考虑，似可从中见出原始图腾崇拜留下的痕迹。这就是说，在战神十次变形中出现的牲畜、飞禽和走兽等，也有可能是氏族部落集团虔诚奉祀的神圣标志——图腾。

根据对古代宗教的研究，在图腾崇拜阶段上，随着用象征表达愿望的各种巫术活动的开展，与图腾有关的灵物崇拜也开始盛行起来。基于万物有灵信仰的灵物崇拜，是一种比较专一的崇拜意识，最早限于纯粹的某种自然物，诸如石，木，禽兽的爪牙、角骨和皮毛等，都被视为有神灵寄居其内，因而具有奇异的力量和庇护族人的特殊功能[①]。《巴赫拉姆·亚什特》提到能解除敌人魔法的雄鹰的翎毛，和雄鹰翎毛持有者的几节诗中，灵物崇拜的残俗就显而易见。如，第十四章第三十六节这样写道：

  谁若持有矫健的雄鹰的翎毛，
  任何强敌都休想捕捉和伤害他；
  因为那鸟中之王的奇异翎毛，
  以神圣而威严的灵光庇护着他。

---

① 蔡家麒：《自然·图腾·祖先——原始宗教初探》，载《哲学研究》，1982年，第4期。

矫健的雄鹰既然是无往而不胜的战神巴赫拉姆的化身，鹰翎持有者自然不会败在任何强敌的手下。这样，巴赫拉姆的神力就由矫健的雄鹰转移到雄鹰的翎毛。久而久之，人们的宗教意识也就发生了变化，由对自然神灵的信仰变为对灵物的崇拜，到了阶级社会则进一步发展为"符"与"咒"的观念。我们在菲尔多西的《王书》和现代伊朗民间故事中常可以读到有关神鹰羽毛的描写，这不能不说是古代灵物崇拜对后世文学创作的影响。

梅赫尔本是自然崇拜和多神信仰时期伊朗雅利安人所奉祀的最主要的神明，随着琐罗亚斯德教的问世，他的地位有所下降；但除了神主阿胡拉·马兹达及其六大助神之外，他仍是屈指可数的几位大神之一。梅赫尔在阿维斯塔语和古波斯语中称作密斯拉，亦即吠陀梵语中的密特拉，这个词含有光芒、太阳、友情和誓约等意思。在篇幅最长的第十篇《亚什特》中，他被尊奉为光明与誓约之神。顺便指出，对梅赫尔神的信仰和崇拜，后来由波斯传至巴比伦和小亚细亚一带，在那里他被奉作主神，并逐渐演变为太阳神教。这位神明影响之深远，由此可见。

最能激发人们的内心情感，最能鼓动人们的想象翅膀，同时又能最充分地体现"光明"含义的自然现象，恐怕莫过于绚丽多彩的朝霞和灿烂似锦的夕照。这就难怪伊朗雅利安人要抓住旭日东升和夕阳西下这两个美妙的时刻，写诗赞颂他们心目中神灵了。

> 赶在快似骏马的永恒的太阳之前，
> 梅赫尔最早出现在哈拉山①的顶端，
> 他身披万道金光从山顶探出头来，
> 俯视着雅利安人广袤千里的家园。

---

① 即今之厄尔布尔士山。

夕阳西下,刚刚开始落山,
梅赫尔来到广阔的地平面,
触摸一望无际的地球两边,
注视着天与地相隔的空间。

(24:95)

从这两节诗中可以看出,梅赫尔与太阳的关系极为密切,尽管他不是太阳神,而是光明之神。"自然之有变化,尤其是那些最能激起人的依赖感的现象之有变化,乃是人之所以觉得自然是一个有人性的、有主意的实体而虔诚地加以崇拜的主要原因。"费尔巴哈说,"如果太阳老是待在天顶,它便不会在人心中燃起宗教热情的火焰。只有当太阳从人眼中消失,把黑夜的恐怖加到人的头上,然后又再在天上出现,人这才向它跪下,对于它的出乎意料的归来感到喜悦,为这喜悦所征服。"[①]日出东方和日落西山之际,正值白昼和黑夜相互交替的时刻,这种自然现象的明显变化给原始初民留下深刻的印象;对于把世界视为光明与黑暗两大势力斗争场所的伊朗雅利安人说来,情况就更是如此。在这最令人动心的时刻,他们歌颂光明以祈求庇佑;诅咒黑暗以禳灾祛难。于是,他们信誓旦旦地表白说:

当太阳从哈拉山升起,
当日落西山之际,
我将以早晚两次祈祷,
力求与梅赫尔神接近。

(29:118)

---

① 费尔巴哈:《宗教的本质》,王太庆译,人民出版社1953年版,第28页。

歌颂梅赫尔神的诗中,在他前面经常加上一个固定修饰语,即"领有辽阔原野的"。想来这里面起码包含两层意思:一是说梅赫尔神的万丈光芒普照大地,辽阔无垠的原野尽在他的怀抱之中;二是说梅赫尔神的万丈光芒所及,全是他的统辖范围。正是从这种联想出发,伊朗雅利安人才把梅赫尔想象为自己国家的庇护神。《梅赫尔·亚什特》中多次提到这位光明与誓约之神有"千只眼睛,万只耳朵",能眼观六路,耳听八方,对一切事情都了如指掌。还说他有"万名侦探"为之通风报信,所以他"无所不知,无所不晓,从不会上当受骗"。第二十七章有一节诗写道:

> 梅赫尔的手臂极长,
> 毁约者逃不出神的巨掌——
> 无论他在印度以东,
> 还是在遥远的西方;
> 也无论他在阿兰格河①口,
> 还是在大地的中央。

诗中提到印度,这不禁使人想起《梨俱吠陀》里那位被称为"大王"的伐楼那神,他是"秩序的守护者",周围有许多暗探,并且也有一千只眼睛,能远见一切②。由此看来,印度的伐楼那和伊朗的梅赫尔彼此很相像,说不定他们是由同一个神演化而来,到了奴隶制国家形成的初期,这两位天神身上便都带有了地上统治者的色彩。

因为梅赫尔是誓约之神,所以,信守誓约者将得到梅赫尔神的赐福和庇护;而背信弃义者将遭受梅赫尔神的严厉惩罚。于是,誓约之神梅

---

① 又称兰加哈河,其地理位置不详,可能是指锡尔河。
② 参看金克木:《梵语文学史》,人民文学出版社1964年版,第26页。

赫尔便被描绘成具有双重人格的神灵：

呵，领有辽阔原野的梅赫尔！
你对国家和百姓既友善又凶残，
呵，领有辽阔原野的梅赫尔！
世间的和睦和厮杀全由你发端。

（8：29）

如果说友善表示梅赫尔神对守约、践约者的宠爱，那么凶残就表示梅赫尔神对失约、毁约者的恼怒。忠于誓言者，梅赫尔使其和睦相处；轻诺寡信者，梅赫尔使其相互厮杀。誓约之神梅赫尔的这种双重人格，恰好说明伊朗雅利安人对守约和毁约、真诚和虚伪有着褒贬、爱憎两种截然相反的态度。

《梅赫尔·亚什特》中不少篇章绘声绘色地描写了梅赫尔驰骋疆场，英勇杀敌的场面，使人看了仿佛觉得这位光明与誓约之神，简直就是一位指挥千军万马的军事统帅。如，第九章第四十三节写被激怒的梅赫尔神"杀得毁约者落花流水，一败涂地，歼敌数十、数百、数千、数万、数十万计！"有的篇章虽然没有直接写战争，但通过对梅赫尔神的战车的具体描述，就给人以其锋芒所及无坚不摧，无往而不胜之感。

《扎姆亚德·亚什特》中记载的有关"灵光"的故事，是带有浓厚宗教色彩的别具一格的神话传说。故事中提到的"灵光"，是琐罗亚斯德教的专用术语，它体现着神主阿胡拉·马兹达的意志、恩惠和佑助，是力量、成功和幸福的象征，因而被视为不可多得的无价之宝。对个人来说，谁若能获得灵光，他就将成为能工巧匠，具有非凡的技艺；对领兵作战的部落首领来说，谁若能获得灵光，他就将旗开得胜，马到成功；

对氏族部落集团来说,则得灵光者兴,失灵光者亡。正因为如此,神圣的灵光便成为众善神和妖魔鬼怪,伊朗部族和非伊朗部族激烈争夺的对象。兹录《扎姆亚德·亚什特》第七章的三节诗如下:

> 为了夺取那不易到手的神圣灵光,
> 斯潘德·迈纽①和阿赫里曼展开角逐,
> 他们各自派出自己最得力的助手。
> 巴赫曼②、奥尔迪贝赫什特③、
> 马兹达的阿扎尔④代表斯潘德·迈纽;
> 阿科曼⑤、暴虐的赫什姆,
> 阿日达哈克⑥和锯杀贾姆⑦的斯皮图尔⑧,
> 充当阿赫里曼的帮凶和打手。
>
> (7:46)
>
> 阿扎尔疾步向前,暗自思忖:
> 这求之不得的灵光将被我得到!
> 邪恶的三张嘴巴的阿日达哈克,
> 匆匆追赶上来,破口骂道:
>
> (7:47)

---

① 词义为神圣的智慧,即阿胡拉·马兹达,善本原,光明天国和世间万物的创造者。
② 第一大天神,在天国代表马兹达的智慧和善良,在尘世为动物的庇护神。
③ 第二大天神,在天国代表马兹达的至诚和纯洁,在尘世为火的庇护神。
④ 火神阿扎尔,被尊奉为神主马兹达之子。
⑤ 代表邪恶思想的妖魔,专与巴赫曼作对。
⑥ 有三张嘴巴、三个脑袋和六只眼睛的妖魔,阿赫里曼的主要帮凶之一。
⑦ 即贾姆希德,传说中尘世的第一位统治者。
⑧ 贾姆的兄弟,据说他协助阿日达哈克将贾姆锯成两半。

> 呔！马兹达的阿扎尔，
> 快滚开！休得近前！
> 你若敢动这求之不得的灵光，
> 我这就叫你命赴黄泉——
> 再不能把阿胡拉的大地照亮！
> 考虑到自己面临的危险，
> 为确保真诚世界的安全，
> 阿扎尔只得作罢将手缩回，
> 因为阿日达哈克极其凶残。
>
> （7：48）

根据琐罗亚斯德的"善恶二元论"，未有世界之初就存在着善与恶两大本原的斗争。这种斗争要持续九千年，谁胜谁负要到最后才能见分晓。善本原阿胡拉·马兹达为防范恶本原阿赫里曼的进攻，着手充实了光明天国，并创造出天空、江河、大地、植物、动物和人类。后来，神主马兹达选派琐罗亚斯德的灵体下凡，传播正教，其目的就是要彻底战胜阿赫里曼及其众妖魔，铲除他们给尘世带来的罪恶和灾难，还世界以光明、纯洁的原貌。引诗中描述的代表善本原的火神阿扎尔与代表恶本原的巨妖阿日达哈克对灵光的激烈争夺，正是善与恶两大势力之间长期、尖锐的斗争的反映。

《扎姆亚德·亚什特》第八章（共九节）集中写突朗的彪形大汉阿弗拉西亚布三次跳进法拉赫·卡尔特河去追逐灵光，均未得逞，意在着重说"那灵光属于伊朗部族和纯洁的琐罗亚斯德"（8：56），非伊朗部族企图夺走代表天意和象征胜利的灵光，只能是徒劳无益。除了神主马兹达及其六大助神，众善神和尚未出世的隐遁先知之外，神圣的灵光还属于哪些人？《扎姆亚德·亚什特》第四、五、六三章中说，那灵光属于卑什达德的帝王和英雄；第十和十一两章中说，那灵光属于凯扬的帝王和英雄；第十二和十三两章中说，那灵光属于先知琐罗亚斯德和凯·古什塔斯布国王。卑什达德和凯扬是传说中伊朗的两大王朝。因此，结论还是："那灵光属于伊朗部族和纯洁的琐罗亚斯德"。由此可见，古代伊朗雅利安人对本部落集团的兴旺发达寄以厚望，他们的民族自豪感还是相当强烈的。伊斯兰时期问世的《王书》中洋溢着的爱国主义情感，不正是由此而发端，并得到进一步发扬光大的吗？

三

二十一篇《亚什特》不仅含有丰富的原始神话成分，而且还保存了若干古代帝王和英雄的传说片段。如《扎姆亚德·亚什特》在描述灵光的归属时，《阿邦·亚什特》在历数河神阿娜希塔的崇拜者时，《法尔瓦尔丁·亚什特》在歌颂善者强大的灵体时，都列举出一些传说中的伊朗帝王和英雄的事迹。但应该指出，《亚什特》颂神诗中包含的帝王英雄传说，大都构不成完整的故事情节，只是在歌颂神祇的过程中随便提及，因而显得比较零碎，不成系统。这大概是因为当时流传的故事，在被改写成宗教诗时，被大大地删减和压缩了；后来又屡遭兵燹之灾，散佚严重，故而成为今天这副支离破碎的样子。若把散见于《亚什特》各篇中有关伊朗帝王英雄传说的片段归纳起来，加以整理，我们就不难发现，它们大体上可分为三个部分：第一部分，卑什达德王朝诸帝王英雄的传说，主要反映了公元前两千纪中叶伊朗雅利安人从中亚地区南迁，进入伊朗高原，与当地土著部落展开的斗争；第二部分，凯扬王朝诸帝王英雄的传说，主要反映了伊朗雅利安人在伊朗高原站稳脚跟后，与入侵的异族（主要是突朗）进行的斗争；第三部分，琐罗亚斯德时期伊朗帝王英雄的传说，主要反映了公元前7至公元前6世纪伊朗两大宗教派别之间的斗争。概而言之，《亚什特》所记载的帝王和英雄传说虽然支离破碎，残缺不全；但却生动地勾画出一幅原始公社制社会，和由原始公社制社会向奴隶制社会过渡时期伊朗雅利安人的生活斗争的图画，因而为我们了解史前时期伊朗民族的发展史，提供了一份极其宝贵的资料。下面我们只要按上述三个历史部分的顺序，把《亚什特》颂神诗中经常提到的几位古代伊朗帝王和英雄的传说，列举出来，加以剖析，读者便可"窥豹一斑"，略见其概貌了。

关于卑什达德王朝的著名国君贾姆希德的传说，《扎姆亚德·亚什特》第六章第三十一节至三十四节有这样的记述：

那灵光属于拥有良畜的贾姆希德——
地面上七个国家①的长期统治者。
他制服了世民百姓和妖魔鬼怪，
还有那蛮横的卡维和卡拉潘部落。

（6：31）

贾姆希德从妖魔鬼怪那里，
夺得牲畜、财富、欢乐和荣耀。
在贾姆希德统治世界期间，
食物不见腐败，人畜不见衰老，
江河从不干涸，草木从不枯槁。

（6：32）

---

① 古代伊朗雅利安人认为，整个世界可划分为七个国家，伊朗是处于中间的第七个国家，它的面积为其余六个国家的面积之和。

在贾姆希德统治世界期间，
既没有酷暑，也没有严寒，
既没有死亡，也没有妖魔制造的忌妒，
——这情景是在他口出谎言之前。

(6:33)

一旦贾姆希德口出谎言，
灵光随即化作雄鹰腾空而去。
拥有良畜的贾姆希德呀！
此时此刻心中懊悔之极。
面对猖獗的妖魔，他一筹莫展，
只得潜藏地下，销声匿迹。

(6:34)

据《万迪达德》第二章记载，贾姆希德是神主马兹达委派到尘世的第一位统治者。他在统治世界的九百年间，先后三次以神赐的金戒指和镶金的手杖，令地面比原来扩大了一倍，这才使日益增长的人类、牲畜和家禽不再感到拥挤，找到了各自适宜的栖身之地。后来，贾姆希德在神主马兹达的启示下，于"埃朗维杰"修筑了一座坚固的城堡，并从世间各种生物中各挑选出完美无缺的一对带进城内，使其免遭即将来临的毁灭性的暴风雪的袭击。这样，世界万物才得以保存下来，人类才得以传宗接代，繁衍增殖。把《万迪达德》的有关记载和上述引诗的内容加在一起，就构成了比较完整的贾姆希德的传说。

贾姆希德在阿维斯塔语中称伊摩，即印度《吠陀》神话中的阎摩，后经佛教传入中国，便是尽人皆知的阎罗王。引诗后半段说贾姆希德失去灵光的庇佑后，自知敌不过猖獗的妖魔鬼怪，便"潜藏地下，销声匿迹",这似乎与主管阴曹地府的阎摩的传说故事暗合。引诗前半段把贾姆希德统治下的世界描绘得尽善尽美,这一方面表现出古代伊朗雅利安人对功绩卓著的祖先的敬仰和怀念,另一方面也反映了他们对"理想之国"的向往和憧憬。

《扎姆亚德·亚什特》第六章第三十六节中提到阿特宾之子法里东,继梅赫尔神之后,夺得脱离贾姆希德的神圣的灵光。紧接着,在同章第三十七节写出了法里东立下的赫赫战功:

> 法里东击败了阿日达哈克——
> 生着三张嘴巴、三个脑袋和六只眼睛,
> 且有上千种形体变化的妖魔。
> 那妖魔极其虚伪,力大无穷,
> 是阿赫里曼为损害尘世和扼杀真诚,
> 而特意制造出来的罪恶的元凶!

法里东原是印伊人神话传说中大名鼎鼎的英雄,后来演变为传说中伊朗卑什达德王朝的著名国君。战败穷凶极恶的巨妖阿日达哈克,是法里东最卓著的功绩,这一点不仅好几篇《亚什特》均有记述,《亚斯纳》第九章第八节也曾提到过。《阿维斯塔》中阿日达哈克被描绘成狰狞可怖的巨妖,是恶魔阿赫里曼的主要帮凶;而在菲尔多西的《王书》里,他被称作扎哈克,却成了杀死贾姆希德,登上国王宝座,统治伊朗长达千年之久的暴君。当铁匠卡维率众起义,反抗扎哈克惨无人道的统治时,法里东借助人民的力量击败了扎哈克,将其囚禁在达马万德山。从这里我们可以看出,《王书》与波斯古经《阿维斯塔》的关系还是很密切的。

从《阿维斯塔》及其巴列维语文献中的有关记载来看,加尔沙斯布不愧为古代伊朗雅利安人所崇拜的最伟大的英雄。《亚斯纳》第九章第十一节称赞"年轻有为的加尔沙斯布"是"手持狼牙大棒,长发辫的英豪"。《扎姆亚德·亚什特》第六章第三十八节至四十四节,热情地歌颂了这位斩妖除害、为民立功的英雄。

> 加尔沙斯布力斩头上生角的巨龙——
> 那遍体流脓的怪物,
> 有上千个肚子、鼻子和脖子。
> 它喷出的黄色毒液高过梭标,
> 吞噬的人和牲畜无以计数!
> 中午时分,加尔沙斯布,
> 在巨龙的背上架锅做饭。
> 那怪物被烟熏火燎得浑身冒汗,
> 但见它猛然跃起,把铁锅掀倒,
> 热汤四溅,英雄闪身躲到一边。
>
> (6:40)

除了力斩头上生角的巨龙之外,加尔沙斯布还杀死了"金脚踵"甘达雷瓦。"那凶恶的巨妖嘴巴奇大,恨不能将真诚世界一口吞下。"(6:41)"那粗手大脚、长着犄角的巨妖,在大庭广众之中口出狂言:如今我还年轻,来日长大成人,定要以天作车,以地作轮!"(6:43)就是这个扬言要"从光明天国拖下斯潘德·迈纽,从阴暗地狱拉出阿赫里曼,让他们为我拉套驾辕"(6:44)的甘达雷瓦,却不是英雄加尔沙斯布的对手。难怪诗人要由衷地赞美加尔沙斯布"勇武过人,是强者中的最强者。"(6:38)

另据巴列维语宗教文献《班达赫申》记载,加尔沙斯布因冒犯神主的尊严，受到马兹达的惩罚，在皮什扬西原野被突朗人尼哈克用箭射倒在地，沉睡不醒，进入神奇的梦境。直至教主琐罗亚斯德升天后两千年，阿日达哈克挣脱锁链，逃出达马万德山，大肆残害人畜之时，神主马兹达才让加尔沙斯布从梦中醒来，为民除害，杀死阿日达哈克。《法尔瓦尔丁·亚什特》第十九章第六十一节提到，有九万九千九百九十九个善者的灵体守护着沉睡不醒的加尔沙斯布的躯体。在琐罗亚斯德教教徒看来，加尔沙斯布是永生不死的伟大英雄，世界末日到来之际，他将协助隐遁先知索什扬特①，彻底战胜阿赫里曼及其众妖魔，使世界恢复光明、纯洁的原貌。

显而易见，手持狼牙大棒、长发辫的加尔沙斯布和出身名门望族的法里东，全是古代伊朗雅利安人游牧部落声名显赫的首领和英雄，他们斩妖除害，为民立功，因而生前受到族人的敬仰和爱戴，死后成为人们缅怀和颂扬的对象。在他们身上体现着伊朗雅利安人与妖魔鬼怪为代表的邪恶势力进行英勇斗争的伟大气魄。

《亚什特》各篇还提到其他一些传说中伊朗卑什达德王朝的帝王和英雄，如胡尚格和塔赫穆雷斯等。他们的英雄业绩在史诗《王书》中得到不同程度的反映。菲尔多西笔下的卑什达德王朝，总共有十位帝王执政，统治伊朗长达两千四百四十一年。该王朝帝王英雄们的主要敌人几乎全被描绘成凶残的妖魔鬼怪，他们大概是已被神化了的自然暴力和社会暴力（如剽悍的土著部落）。值得指出的是，《王书》里卑什达德王朝的第一位国君凯尤马尔斯，在《法尔瓦尔丁·亚什特》中却被称之为"雅利安人游牧部落的始祖"，称赞"他最先聆听阿胡拉·马兹达的教诲，第一个雅利安人家庭正是由他建立。"（24：87）《阿维斯塔》提到的卑什达德王朝的第一位国君是胡尚格，《王书》却把他排在凯尤马

---

① 词义为拯救者，泛指救世主。是琐罗亚斯德教三位隐遁先知的称呼，尤其指琐罗亚斯德过世后三千年降生的第三位隐遁先知。

尔斯之后,列为第二位国君。这种变化恰好说明《阿维斯塔》和《王书》中的神话传说,两者既有联系,又有差别;既有继承,又有丰富和发展。这种联系,尤其是差别,在凯扬王朝诸帝王和英雄的传说中就更加令人醒目了。

在《阿维斯塔》及其巴列维语文献中,"凯扬"一词含有首领、统治者的意思,具体是指琐罗亚斯德问世前伊朗东部的各部落酋长或部落联盟的军事首长。凯扬王朝是传说中伊朗的第二大王朝。《扎姆亚德·亚什特》第十章和十一章提到有关该王朝诸帝王的一些情况。

>那灵光与凯·古巴德、凯·阿皮伟、
>凯·卡乌斯、凯·阿拉什、凯·皮辛、
>凯·比亚拉什和凯·西亚乌什合为一体。
>
>(10:71)

>凯扬诸帝王个个勇武、敏捷,
>无不具有虔诚而高尚的美德,
>全都是大无畏的英雄和豪杰。
>
>(10:72)

这两节诗看似简单,却为我们提供了一份极为重要的凯扬王朝诸帝王的名单,并且知道他们全都是大无畏的英雄和豪杰,只是没有写出他们的具体事迹来。据巴列维语宗教文献《班达赫申》记载,凯·阿皮韦是凯扬王朝开国皇帝凯·古巴德的后裔,他有四个儿子,其长子凯·卡乌斯继承了王位,凯·西亚乌什则是凯·卡乌斯之子。《王书》中有关于凯·卡乌斯屡次远征近伐(如征讨马赞德兰和柏柏尔)的绘声绘色的描写,讲述了许多生动有趣,脍炙人口的故事(如卡乌斯的宠妃苏达贝与西亚乌什的故事等）；但在《阿维斯塔》里对这些却只字未提。比较起来，《扎姆亚德·亚什特》有关凯·霍斯鲁的记述倒还是有点具体内容。

> 凯·霍斯鲁奋勇击退来犯之敌，
> 当狡猾的对手驱马杀来时，
> 他机智灵活未中敌人的奸计。

> 凯·霍斯鲁无往不胜，无坚不摧，
> 他抓获邪恶的阿弗拉西亚布，
> 及其奸诈的兄弟加尔西瓦兹，
> 为被杀害的父亲西亚乌什，
> 和骁勇的阿格里拉斯①报仇雪耻！
> 　　　　　　　　　　（11：77）

诗中所说的阿弗拉西亚布，即前面提到的那个三次跳进法拉赫·卡尔特河，追逐神圣的灵光未遂的突朗彪形大汉。《王书》里把他描绘成一位突朗暴君，是伊朗凯扬王朝诸帝王英雄的不共戴天的头号敌人。因此，战胜并抓获阿弗拉西亚布，便是凯·霍斯鲁的最大功绩。另据《王书》记载，凯·西亚乌什因遭王妃苏达贝的陷害，被父王凯·卡乌斯派去与突朗作战。西亚乌什与阿弗拉西亚布国王握手言和，并娶突朗公主法兰吉斯为妻，结果生下霍斯鲁。后来，由于阿弗拉西亚布的兄弟加尔西瓦兹从中挑拨离间，致使阿弗拉西亚布下令处决了西亚乌什，这样就加剧了伊朗与突朗的不和，两国之间的战争愈演愈烈。知道这些故事情节之后，读者就不难理解上述引诗中所包含的具体内容了。

---

① 阿弗拉西亚布的一位兄弟，与凯·霍斯鲁交好。

《阿维斯塔》的许多诗歌，尤其是饱含神话传说成分的《亚什特》颂神诗，由于写得过分简略，颇为令人费解，必须借助《王书》和巴列维语宗教文献才能读通；否则，就会产生"如堕云里雾里"之感。

凯扬王朝的著名国君古什塔斯布在位期间，正值伊朗第一位先知琐罗亚斯德问世，开始传播信仰唯一之神阿胡拉·马兹达的新教。布道之初，琐罗亚斯德受到坚持自然崇拜和多神信仰的部落酋长和巫师的极力反对，几乎落到走投无路、"四面楚歌"的境地。自从凯·古什塔斯布国王皈依琐罗亚斯德教之后，该教才有了起色，得以广泛传播开来，并逐渐发展成为伊朗当时最兴盛的宗教。正因为如此，人们总是把凯·古什塔斯布国王与先知琐罗亚斯德相提并论，对他们的赞歌颂词在《阿维斯塔》各部分中都占有显著的地位。素有"琐罗亚斯德之歌"之称的《伽萨》颂诗中唯一提到的国君，就是凯·古什塔斯布。《扎姆亚德·亚什特》第十三章对这位伊朗宗教时代的伟大国君发出了由衷的赞美：

> 他以狼牙棒为真诚寻求自由解放，
> 他以狼牙棒为善良开辟光明大道，
> 他大力赞助和扶植琐罗亚斯德教。
>
> （13：85）

> 敌视正教的塔斯里亚万特①，
> 拜倒在众妖魔脚下的帕尚②，
> 还有那伪信者阿尔贾斯布，
> 和邪恶的不信神的希翁部落，

---

① 是与琐罗亚斯德教誓不两立的部落首领。
② 同上。

无不败于英勇的凯·古什塔斯布。

（13：87）

诗中提到的伪信者阿尔贾斯布，起初大概是中亚地区希翁部落的酋长，后来演变为突朗国君，他是伊朗国王凯·古什塔斯布的主要敌手。有关伊朗和邻国突朗因宗教信仰分歧而发生战争的故事，在民间辗转流传数百年，后于公元5世纪末6世纪初（萨珊王朝时期）形成了伊朗第一部英雄赞歌《缅怀扎里尔》。这部巴列维语长篇叙事诗所歌颂的主人公扎里尔，是凯·古什塔斯布国王的兄弟，伊朗军队的主帅，他在与突朗希翁人的战争中，身先士卒，奋勇杀敌，最后光荣献身。《阿邦·亚什特》第二十六章提到"全副披挂的扎里尔"，"向阿娜希塔供奉百匹马、千头牛和万只羊"，虔诚地祈求江河女神保佑他"在辽阔无垠的战场上，击败伪信者阿尔贾斯布，战胜崇拜妖魔的胡马亚卡——他手持长钩，在洞穴里住。"（26：113）伊斯兰时期萨曼王朝宫廷诗人塔吉吉（卒于977年）未完成的诗体《王书》（亦称《古什塔斯布传》），其内容与英雄赞歌《缅怀扎里尔》大同小异。菲尔多西在创作《王书》时，将塔吉吉的约一千行诗原封不动地收进自己的作品，以示对先辈诗人的怀念。从波斯古经《阿维斯塔》，到史诗《王书》，同一题材的传说故事在不同的作品中经历了一个由简入繁的长期演变过程，但从"为正确的信仰而战"这个主题思想来看，它们却是一脉相承的。

阿雷什是古代伊朗民间传说中的一位勇士，以善射著称，他的名字最早出现在《蒂尔·亚什特》第四章的两节诗里。

人人都把威严的蒂什塔尔星称赞，
它飞快地向法拉赫·卡尔特河急驰，
犹如最佳射手阿雷什射出的利箭——

> 从埃里奥,赫舒萨直达赫瓦纳万特山①。
>
> (4:6)

> 马兹达赋予那飞箭以神速,
> 无数的江河和沿途的植物,
> 以及领有辽阔原野的梅赫尔,
> 奉命为它开辟前进的道路。
>
> (4:7)

关于神箭手阿雷什的传说,古籍经文里有不尽相同的记载,其中比较流行的一种说法是这样的:古时候,相互敌对的伊朗与突朗交战于马赞德朗。后经协商,双方同意由伊军出一名战士,向东方发射一箭,箭落之地即为两国的边界。被挑选出来的勇士阿雷什,健步登上达马万德山顶。他倾平生之力将箭射出,旋即倒地身亡,献出宝贵的生命。勇士发射的利箭因得到神的佑助,在空中流星般地飞驰,从清晨到中午越过无数的高山峡谷和平川广野,最后插入阿姆河畔的一棵硕大的核桃树根里。于是,那棵核桃树便成了伊朗和突朗两国交界的标志。为了纪念这位为国捐躯的勇士,人们每年都在阿雷什射箭的这一天举行庆祝活动,久而久之,形成了伊朗民族的传统节日——"蒂尔甘节"。直到今天,伊朗人仍有过蒂尔甘节的习俗。由此可见,为民族事业光荣献身的英雄,将流芳百世,永远活在人民的心中。伊朗现代诗人西亚乌什·卡斯拉依以这个传说故事为题材,创作了题名《神箭手阿雷什》的叙事诗,激励人们发扬爱国主义精神,踏着先辈英雄的足迹奋勇前进。

除此而外,《亚什特》各篇中还包括其他一些民间传说故事的片段。

---

① 这两座山地理位置不详,前者大概指厄尔布士山,后者可能是霍拉桑北部的一座山。

如,《阿邦·亚什特》第十六章提到江河女神阿娜希塔抓住法里东变成黑秃鹫的帕乌尔瓦,转瞬间就使这位船夫安然降落地面,回到自己可爱的家园①,第十九章谈到阿娜希塔应努扎尔家族维斯陶鲁②的祈求,以神力制住一股水流,在维坦古海蒂河③中为其开出一条通道;第二十章说到阿娜希塔满足法里扬部落尤伊什塔④的心愿,使他准确无误地解答出九十九道难题,最终战胜了狡猾奸诈的阿赫蒂亚⑤。这类小故事想象奇特,富于浪漫色彩,读来趣味盎然。限于篇幅,我们就不细加评述了。

四

《亚什特》是波斯古经《阿维斯塔》中篇幅最长,内容最丰富,写得也最为精彩的部分。尤其是长篇《亚什特》,带有鲜明的艺术特色,值得我们认真加以研究。这里我们只着重分析以下四个显著的特点。

首先,是富于想象和幻想。《亚什特》颂神诗既然含有大量古老而优美的神话传说成分和片段,势必焕发出神奇瑰丽的想象和幻想的光彩。因为神话不是别的,乃是童年时期的人类进行大胆想象和幻想的产物。这种幼稚的想象和主观幻想,虽然称不上自觉的艺术加工,但却生动而曲折地反映出原始初民对自然和社会现实的认识和看法,以及他们的心理愿望和美好的理想。这方面的例子在前面引述的诗歌中俯拾即是,恕不赘言。

---

① 这则传说故事仅在《阿维斯塔》出现过一次,其他古籍经文中均无记载。
② 据《王书》记载,努扎尔继卑什达德王朝的曼努切赫尔国王之后,在位执政七年,后被突朗的阿弗拉西亚布所杀,维斯陶鲁是努扎尔族的著名人物。
③ 其地理位置不详,可能在伊朗东部。
④ 法里扬是洋溢着皈依琐罗亚斯德教的突朗部落之一,尤伊什塔是该部落的著名人物。
⑤ 信仰和崇拜众妖魔的突朗人,被尤伊什塔击败。

其次，是运用比喻和夸张的手法。比如，《蒂尔·亚什特》第三章第五节中把一泻千里的江河水比喻为"奔腾向前的强健的骏马"，第十一章第四十二节形容奔流不息的淙淙山泉，用"比骏马的脊背还宽阔"，这都是形象生动的比喻。看来，以游牧为生的伊朗雅利安人对可供拉车、乘骑的重要力畜马匹，怀有一种特别深厚的感情；否则，就不会经常以骏马来打比方。这种生活气息的比喻，总是给人以亲切自然的感觉。

《亚什特》颂神诗中不乏新奇巧妙的夸张。当然，这种夸张要以对自然界和现实生活的细心观察为基础，才能做到合情合理，令人信服。请看《巴赫拉姆·亚什特》中的三节诗：

> 神主马兹达创造的巴赫拉姆，
> 恩赐琐罗亚斯德以过人的臂力，
> 传宗接代的精液和强健的身体；
> 恩赐琐罗亚斯德以神鱼卡拉①的眼力——
> 在漫长的有千人之深的兰加哈河②中，
> 能窥见细如毫发的涟漪。
> （11：29）

> 神主马兹达创造的巴赫拉姆，
> 恩赐琐罗亚斯德以过人的臂力，
> 传宗接代的精液和强健的身体；
> 恩赐琐罗亚斯德以骏马的眼力——
> 在浓云密布，一片漆黑的夜里，

---

① 神话传说中统领水族的鱼精，生活在法拉赫·卡尔特河中。
② 又称阿兰格河，地理位置不详，此处可能指锡尔河。

能看清一根鬃毛或马尾落地。

(12:31)

神主马兹达创造的巴赫拉姆,
恩赐琐罗亚斯德以过人的臂力,
传宗接代的精液和强健的身体;
恩赐教主以戴金项圈的黑秃鹫的眼力——
远隔九个国家的距离,
能发现针尖般大小的肉块,
纵然它如银针的闪亮转瞬即逝。

(13:33)

把黑秃鹫的头部和脖颈的羽毛稀少,说成是"戴金项圈",意在美化所言之物,使人对它产生好感;接着把黑秃鹫特别敏锐的视觉加以无限夸大,读者就比较容易接受。这样的诗句因为有现实生活作凭依,也就不显得荒诞无稽。

再次,是通过典型事物的具体描绘,来突出人物形象,加强艺术效果。《梅赫尔·亚什特》,对光明与誓约之神的形象塑造,就运用了这种表现手法。如在第三十一章(共十三节),作者不惜笔墨,着意刻画梅赫尔的战车:先写受到神主马兹达称赞的梅赫尔神,乘坐金镶玉嵌的彩舆,从光芒四射的天国飘然下凡。四匹"前蹄金,后蹄银"的雪白神马拉着那乘无比华丽的彩舆。车上公正之神拉申和知识之神奇斯塔分别立于梅赫尔的左右,车前有野猪般凶猛的乌帕马纳开路,车后有火神阿扎尔和光彩夺目的灵光压阵。这是何等威武雄壮的景象!接着写梅赫尔的战车上备有各式各样的精良武器,强弓翎箭、锋利的长矛、双刃的板斧、双棱的短剑、坚硬的铁杵和百节百刃的狼牙大棒,一应俱全,而且都数以千计。诗中还一唱三叹，反复吟咏这些锐利的兵器"以思想的速度，飞向妖魔鬼怪的头颅！"这是何等宏伟磅礴的气势！难怪阿赫里曼及其众妖魔"全都不寒而栗"，一切暗藏的魑魅魍魉和伪信者"无不万分恐惧"。这里虽然没有战争场面的具体描写；然而，我们透过梅赫尔的战车，不是可以清楚地看到阵地上战马嘶鸣，刀光剑影，一片杀气腾腾的景象吗？梅赫尔神所向披靡，无往而不胜的高大形象，不是通过对其战车的浓墨重彩地描绘，栩栩如生地展现在读者眼前了吗？

最后，是固定修饰语的运用。无论是对上天入地的神祇和妖魔鬼怪，还是对传说中的帝王英雄和暴君奸宄，《亚什特》颂神诗都普遍采用固定修饰语。关于神祇的，如"威严的"蒂什塔尔，"纯洁而强大的"阿娜希塔，"马兹达创造的"巴赫拉姆，"领有辽阔原野的"梅赫尔；关于帝王英雄的，如"披坚执锐的"塔赫穆雷斯，"拥有良畜的"贾姆希德，"阿特宾之子"法里东，"英勇无畏的"加尔沙斯布；关于妖魔鬼怪及其崇拜者的，如"三张嘴巴的"阿日达哈克，"金脚踵"甘达雷瓦，"突朗的彪形大汉"阿弗拉西亚布，"伪信者"阿尔贾斯布，等等。现从中抽出几个来略加说明，便知这类固定修饰语所包含的内容。

为什么把雨神蒂什塔尔称作"威严的"？古代伊朗雅利安人认为，日月星辰等发光体，全是神主马兹达的创造物，因而是"善"的象征，自然不会像古代中国人那样把久旱不雨归咎于太阳，更不会编造出"羿射九日"之类的神话来。可是，烈日炎炎之下，旱情日趋严重，对天降甘霖的渴望化为泡影，他们只好把求雨的希冀寄托于"蕴含着水种"的繁星，尤其对众星的统领、明亮的蒂什塔尔星更是三拜九叩，馨香祷祝。这样一来，司雨的蒂什塔尔神在伊朗雅利安人的眼中不就是"威严的"了吗？

再来说"披坚执锐的"塔赫穆雷斯。《扎姆亚德·亚什特》第五章第二十九节诗云：

他击败为非作歹的众妖魔，

并将阿赫里曼变成一匹马，

骑着它从世界的一边到另一边，

纵横驰骋，为期三十年。

（5：29）

卑什达德王朝的国君塔赫穆雷斯在位执政三十年，将形形色色的妖魔鬼怪杀得落花流水，一败涂地，就连魔王阿赫里曼都被他化作身下的坐骑，任其驱使，那还不是"披坚执锐"，立下赫赫战功的伟大英雄吗？菲尔多西在创作《王书》时，将"披坚执锐"这个修辞语改为"镇妖者"，就显得更加贴切恰当了。

"金脚踵"甘达雷瓦又是怎么回事呢？据传说，这个"粗手大脚，生着犄角"的巨妖，站在法拉赫·卡尔特河中，阳光下金煌煌的河水刚刚没过他的脚后跟！称他为"金脚踵"，是形容其身材之高大魁梧。然而，这个狰狞可怖的怪物却敌不过加尔沙斯布。两相对比，加尔沙斯布的英雄形象就更加鲜明突出了。由此看来，巧妙地运用固定修饰语，不仅能对所形容的人物形状和性格特征起到"画龙点睛"的作用，而且可以反衬出其对立面人物的外形和性格特征。这种修辞方法确实是一种增强艺术效果的手段。

此外，《亚什特》颂神诗还运用了其他一些艺术表现方法，如章节的复沓，节奏的鲜明和谐，景物点染和抒情的结合，生动活泼的对话，寓意深邃的象征手法，等等，恕不一一介绍了。

综上所述，作为波斯古经《阿维斯塔》中最富于文学价值的《亚什特》颂神诗，虽说带有相当浓厚的宗教色彩，但却称得起是伊朗文学发展史上的第一个高峰。它里面包含的大量原始神话和帝王英雄传说，具有重要的社会认识价值和美学意义。从中我们可以看到，史前时期伊朗雅利安人对大自然的观察和思索，对自然灾害的认识和斗争，对人和人之间关系的理解和所持的态度，对斩妖除害、为民立功的英雄人物的赞美和歌颂，对穷凶极恶的族外部落集团的蔑视和憎恶，对以阿胡拉·马兹达和众神祇为代表的真、善、美的向往和追求，对以阿赫里曼及其众妖魔为代表的假、恶、丑的厌弃和诅咒，等等。读了内容如此丰富的《亚什特》颂神诗，的确使人感到它们仍然能够给我们以艺术享受。

《亚什特》颂神诗世代相传数百年，是当时人们日常祈祷和节日致祭行礼时必须吟咏的圣歌。随着琐罗亚斯德教的衰落和伊斯兰教的兴起，作为庙堂寺院祈祷诗的《亚什特》便不复存在了；然而，它所包含的古老而优美的原始神话和传说，却在民间扎下根来，继续流传，历久而不衰。异族统治者能够暂时征服一个国家，但永远消灭不了一个民族的传统文化。伊斯兰时期伊朗的著名诗人菲尔多西、萨迪、哈菲兹和莫拉维等人，无不从《亚什特》颂神诗中汲取精神营养、文学题材和艺术形象，进而创作出光耀千古的名篇佳作。特别是菲尔多西的《王书》，受《亚什特》颂神诗的影响尤为显著。《王书》中有关原始神话和英雄传说的重要内容，就直接取材于《亚什特》颂神诗；《王书》所表现的反对异族侵略的爱国主义思想，以及与强暴势力进行顽强斗争的英雄主义气概，也和《亚什特》颂神诗的精神一脉相通。没有继承，也就谈不到发展。从这个意义上似乎可以说，若没有《亚什特》神话传说的流传和保存，菲尔多西的皇皇巨著《王书》恐怕也就难于取得那么高的成就。

第四章　善恶·祥瑞·神权

——波斯古经《扎姆亚德·亚什特》剖析

如果说《亚什特》是波斯古经《阿维斯塔》①中包括神话传说最多,写得也最精彩的部分,那么第十九篇《扎姆亚德·亚什特》就是《亚什特》中地位最重要,影响也最深远的一篇。通过对这篇内涵丰富的《亚什特》的剖析,不仅可以提高我们对《阿维斯塔》核心内容的认识,而且有助于我们深入探讨伊朗悠久的文化传统及其民族的心理特征。

《扎姆亚德·亚什特》,顾名思义,原本应该是歌颂土地神扎姆亚德的;然而,统观全篇,除首章前面八节序诗外,字里行间处处洋溢着对圣洁的灵光的讴歌和赞美。题名为"地神颂",实际上变成了"灵光颂"。何以发生这种"文不对题"的怪现象呢?笔者至今尚未见到言之凿凿的解释;但可以肯定地说,这与琐罗亚斯德教祭司的插手篡改不无关系。被公认为《阿维斯塔》最古老部分的《伽萨》颂诗里面既没有明确地提到灵光,也丝毫不曾涉及神秘的灵光观念。由此

---

① 参看拙文《波斯古经〈阿维斯塔〉》,载《外国文学研究》,1986年第1期。

看来,有关灵光的颂诗自当较比后出。"灵光"这个词,本来含有"光芒""威严"和"壮观"等意思,而在二十一篇《亚什特》中,它却被颂扬为"凌驾于一切被造物之上"的神明,似乎象征着神主阿胡拉·马兹达的恩赐和庇佑。从灵光观念的抽象本质考虑,恐怕它最早也只能产生于由自然崇拜和多神信仰改奉唯一、万能之神阿胡拉·马兹达的宗教时代,亦即伊朗雅利安人开始由原始公社制社会向奴隶制社会过渡的历史阶段。这就决定了《扎姆亚德·亚什特》描述的灵光神话的根本属性。

《扎姆亚德·亚什特》中的灵光神话,大体上可分为争夺灵光的神话,和灵光属有者的神话两大类。若按内容归类,则可分成与琐罗亚斯德"善恶二元"论直接有关的灵光神话,和反映古波斯人"祥瑞观念"以及"君权神授"思想的灵光神话。

一

古代伊朗琐罗亚斯德教的圣经《阿维斯塔》,被有些人吹得神乎其神,仿佛它果真成了谁也读不懂的"天书"。其实,仅用"善"与"恶"两个字就可以概括它的基本内容。讲得稍微详细点便是未有世界之初,就存在着相互对立的善与恶两大本原,就存在着以阿胡拉·马兹达为最高代表的光明势力与以阿赫里曼为元凶的黑暗势力的矛盾和斗争。这场关系到人类命运和世界前途的广泛斗争要持续若干千年,最后必将以善神的完全胜利和恶魔的彻底失败而告终——到那时,天地间将焕然一新,恢复光明世界的原来模样①。所谓琐罗亚斯德的"善恶二元"论,主要也就是这个意思。我们在现存《阿维斯塔》六大部分中读到的

---

① 参看拙文《琐罗亚斯德如是说——〈阿维斯塔·伽萨〉颂诗浅析》载《外国文赞集刊》第10辑)。

天神地祇和妖魔鬼怪，为民除害的英雄豪杰和残害百姓的暴君奸宄，笃信正教的善男信女和崇祀恶魔的叛逆之徒，乃至大自然给人类带来的恩典和灾害，等等，无不是善恶二宗对立、矛盾和斗争的具体表现。《扎姆亚德·亚什特》描述的圣火之神阿扎尔（亦作阿塔尔）与巨妖阿日达哈克（亦作达哈卡）对灵光的争夺，和突朗彪形大汉阿弗拉西亚布三次下水追逐灵光而未遂的神话，以及传说中伊朗雅利安人诸英雄、帝王战胜形形色色的妖魔鬼怪及其追随者的故事等，何尝不是善恶二宗对立、矛盾和斗争的具体表现呢？这里先谈与琐罗亚斯德"善恶二元"论直接发生关系的灵光神话。

《扎姆亚德·亚什特》第七章第四十六节至五十节，栩栩如生地描绘出善与恶、光明与黑暗两大势力之间为争夺"不易到手的神圣灵光"而展开的激烈搏斗。善与光明的一方，以神主阿胡拉·马兹达（或称斯潘德·迈纽）为统帅，他派出自己最得力的助手：第一大天神巴赫曼（又称沃胡马纳，在天国代表神主的智慧和善良，在尘世为动物神）、第二大天神奥尔迪贝赫什特（又称阿沙瓦希什塔，在天国代表神主的至诚和纯洁，在尘世为火神）和被尊奉为"马兹达之子"的圣火之神阿扎尔。恶与黑暗的一方，以魔王阿赫里曼（或称安格拉·迈纽）为首领，他针锋相对地派出自己最凶恶的打手：代表邪恶思想的阿科曼（又称阿卡马纳）、以暴虐著称的赫什姆（又称阿埃什马）、"生有三张嘴巴、三个脑袋和六只眼睛的巨妖"阿日达哈克，以及将其兄弟贾姆希德锯成两半的斯皮图尔。我们不妨把颂诗中善与恶、光明与黑暗的两军对垒，看作是当时伊朗社会上广泛存在的两大宗教派别尖锐对立的反映。或者说，信从唯一、万能之神阿胡拉·马兹达的"马兹达·亚斯尼"教派坚定地站在善与光明的一边，而崇拜妖魔鬼怪的"迪弗·亚斯尼"教派则是恶与黑暗势力的忠实走卒。在原始公社制社会逐渐解体和奴隶制社会形成的初期，"马兹达·亚斯尼"教派主张发展农业和定居的养畜业，这与他们支持以地域关系结合起来的农村公社，赞成氏族部落的联合、统一，进而建立奴隶制国家的政治观点是相吻合的，也是适应历史发展潮流的。反之，"迪弗·亚斯尼"教派不愿放弃逐水草而居的自然放牧经济，坚持氏族部落政治上的各自独立，这显然有利于维护建立在血缘关系基础上的氏族公社，而不利于社会的发展和进步。从这个角度看，颂诗中把阻碍社会前进的腐朽、落后势力丑化为恶魔，而把促进社会发展的革命、进步势力描绘成善神，应该说是恰当的。

第四十七、四十八两节提到，圣火之神阿扎尔眼看就要取得灵光之时，巨妖阿日达哈克匆匆赶上前来，威胁说要让他"命赴黄泉"，再不能把"大地照亮"。阿扎尔"为确保真诚世界的安全"，只好放弃即将到手的灵光。诗中阿日达哈克的凶狠残忍，显然是言当时社会上腐朽落后的反动势力的猖獗。比如，教主琐罗亚斯德在布道之初，就遇到顽梗不化的巫师术士的竭力反对，几乎落到四面楚歌的境地。圣火之神阿扎尔未能如愿以偿，夺得灵光，这说明与邪恶势力的斗争有曲折和反复，并不总是一帆风顺的。在"抑恶扬善"的长期斗争中，要做好百折不挠、艰苦奋斗的思想准备，此乃颂诗作者对人们的告诫，也是琐罗亚斯德"善恶二元"论的基本观点之一。

在第四十九、五十两节中，当巨妖阿日达哈克妄图夺走灵光时，阿扎尔向他发出警告，要将他"烧成灰烬"。巨妖无可奈何，只得放弃原来的打算。代表善本原阿胡拉·马兹达的阿扎尔和代表恶本原阿赫里曼的阿日达哈克，都施展出各自的本领，力图夺得灵光，战胜对方，夺取统治世界的大权，但他们都未能遂心所愿。据琐罗亚斯德教神话传说，原始之初神主马兹达曾与魔王阿赫里曼约定，双方将进行为期九千年的斗争以决胜负。诗中圣火之神阿扎尔虽然未能顺利夺取灵光，但也不允许巨妖把圣洁的灵光抢跑。阿扎尔奋不顾身，保护灵光的英雄形象，正是以崇拜圣火而闻名于世的伊朗雅利安人与邪恶势力进行英勇斗争的写照。

善战胜恶并非易事，但归根结底胜利是属于善的，这是琐罗亚斯德"善恶二元"论的又一个基本观点。《扎姆亚德·亚什特》前三章和最后两章，在吟咏灵光属寸神主马兹达及其六大助神，属于天神地祇、已降生和末出世的救世主时，就有关于善最终战胜恶的描写。如，第十四章第八十九节提到世界末日来临之际，那灵光"与战无不胜的索什扬特①及其助手合为一体。他们将改造和重建世界，建成一个永不衰亡、永恒不灭、繁荣富强的世界"。第十五章第九十三节末尾两句诗云："埃斯图特·埃雷塔②用这根狼牙大棒，把谎言逐出世界——真诚的故乡！"从颂诗中不难看出，崇祀唯一、万能之神阿胡拉·马兹达的伊朗雅利安人对未来充满了信心，对善最终将战胜恶坚信不移。唯其如此，他们才满怀豪情地唱出铿锵有力的诗句：

品行不端者必败！

心地善良者必胜！

说谎者必败！

诚实者必胜！

天神霍尔达德和阿莫尔达德③，

必将降伏罪恶的饥馑和干渴。

---

① 又称苏什扬特，词义为"救世主"。通常指琐罗亚斯德教第三位隐遁先知。据巴列维语文献记载，教幸琐罗亚斯德升天后，每过一千年就有一位隐遁先知降世，拯救世界于恶魔阿赫里曼造成的灾难之中。随着第三位隐遁先知的问世，终审日也将来临。
② 是琐罗亚斯德教第三位隐遁先知的名字。
③ 霍尔达德是琐罗亚斯德教奉祀的第五位大天神，在天国代表神主马兹达的完美和长寿，在尘世为江河之神。阿莫尔达德是琐罗亚斯德教奉祀的第六位大天神，在天国代表神主马兹达的永恒和不朽，在尘世为植物神。

为非作歹、倒行逆施的阿赫里曼，
到头来，将溜之乎也，狼狈不堪！

(15：96)

二

《扎姆亚德·亚什特》中记述的突朗彪形大汉阿弗拉西亚布三次下水追逐灵光而未遂的神话，充分反映出古代伊朗雅利安人的"祥瑞观念"。所谓祥瑞观念，一般说来，是指产生于原始公社制社会向奴隶制社会过渡时期的一种神秘的宗教观念，其中含有浓厚的天人感应的思想因素。祥瑞观念渊源于原始社会对图腾祖先神兼保护神的宗教信仰，在本质上是以具有一定的生存斗争意义的图腾崇拜和祖先崇拜为基础的。它的产生与部族的发展历史和传统的宗教观念密切相关，因而带有一定的部族集体的特征。波斯古经代阿维斯塔》中的"灵光"一词，常与"艾尔亚纳"搭配使用，组成复合词"艾尔亚内姆·赫瓦雷诺"，意即"伊朗部族之灵光"。把象征神主马兹达福佑的灵光，与伊朗雅利安人紧密地联系起来，无非是要强调说明，唯有笃信马兹达的伊朗部族才配享有神主的恩赐和庇佑，而对其他部族来说，则是可望而不可即的。这层意思，只要读一下异族首领阿弗拉西亚布追逐灵光未遂的神话，即可一目了然。《扎姆亚德·亚什特》第八章第五十六至六十四节，具体而生动地描述了这则神话故事。兹录其中一节诗为例：

那灵光属于伊朗部族，
和纯洁的琐罗亚斯德。
邪恶的突朗人阿弗拉西亚布，
妄想夺走灵光，从法拉赫·卡尔特，

于是，他脱掉衣服，纵身跳进大河。

为摆脱阿弗拉西亚布的追逐，

那灵光骤然加快速度——

只见它从法拉赫·卡尔特河，

一跃而出，迅即潜入霍斯鲁湖。

（8：56）

而后，突朗的彪形大汉接二连三地下水追逐灵光。像第一次那样，灵光还是骤然加快速度，摆脱了阿弗拉西亚布的追逐，它从法拉赫·卡尔特河一跃而出，先后潜入万加赫兹达湖和乌日丹万湖。作者着意刻画突朗人阿弗拉西亚布一而再、再而三地下水争夺灵光，均未得逞，正是为了反复强调诗中一唱三叹，多次吟哦的那句话："那灵光属于伊朗部族，和纯洁的琐罗亚斯德。"得天之助者兴，失天之助者亡。灵光的得失关系到部族的兴衰荣辱，生死存亡，因而具有非同小可的意义。颂诗中流露出的这种对本部族兴旺发达的祝福，和对获得神主福佑的渴求，也就是我们所说的具有吉祥喜庆之意的祥瑞观念。

伊朗雅利安人和印度雅利安人一样，自古以崇拜天地、山川、日月和动植物等自然现象著称，其中尤以对光明之神梅赫尔（又称密斯拉，亦即吠陀语中的密特拉）的崇奉为甚。在琐罗亚斯德创立新教之前，作为伊朗雅利安人长期奉祀的主要神明之一，梅赫尔很可能就是原始社会末期伊朗部族的图腾祖先神兼保护神。请看《梅赫尔·亚什特》（光明与誓约之神颂）中的两首诗："赶在快似骏马的永恒的太阳之前，梅赫尔最早出现在哈拉山的顶端，他身披万道霞光从山顶探出头来，俯视着雅利安人广袤千里的家园。"（4：13）"那里威武的君王和将士们披坚执锐，那里有许多高山峻岭和放牧之地，那里水面辽阔的长江大川适于航行，那里奔腾咆哮的河流拍击悬崖峭壁，向着马鲁、索格德和花剌子模方向流去。①（4：14）《阿维斯塔》颂诗中梅赫尔的前面经常冠以"领有辽阔原野的"固定修饰语，想来这里面起码包含两层意思：一是说梅赫尔神的万丈光芒普照大地，辽阔无垠的原野尽在其怀抱之中；二是说梅赫尔神的万丈光芒所及，全是他的统辖范围。或许正是从这种基于传统宗教观念的习惯性联想出发，伊朗雅利安人才把梅赫尔想象为本部族的图腾祖先神兼保护神。《梅赫尔·亚什特》中多次提到这位神灵有"千只眼睛，万只耳朵"，能眼观六路，耳听八方，对世上一切事情都了如指掌。还说他有"万名侦探"，为之通风报信，所以他"无所不知，无所不晓，从不会上当受骗"，那架势颇似《梨俱吠陀》里被称为"大王"的伐楼那。梅赫尔神的形象发展到奴隶制国家形成初期，便被涂上一层世间统治者的色彩。说来也巧，《扎姆亚德·亚什特》第六章述及灵光属于传说中伊朗诸帝王、英雄时，竟把梅赫尔神也列进去了。表面看来，似乎有些不伦不类，把人和神混为一谈；其实，这恰好说明梅赫尔曾是伊朗雅利安人敬奉的图腾祖先神兼保护神。否则颂诗作者绝不会将他与传说中的帝王、英雄相提并论。我们认为，"伊朗部族之灵光"所体现的祥瑞观念，发轫于古代伊朗雅利安人对梅赫尔神的传统信仰，看来还是合乎情理的。

打个比方来说，"伊朗部族之灵光"所包含的宗教观念与中国以图腾动物为预兆和征验的特殊物占颇为相似。作为"纪百事之象，候善恶之征"的物占，是以物象作为善恶征兆推究神的意志的数术。而以龙、凤、麟等神物，即以图腾祖先神或其化身作为本部族兴亡、安危、祸福、禳灾的征验，是物占中比较古老的一种。如夏之先人以龙为图腾："禹平天下，二龙降之。"（《瑞应图》残卷引《括地图》）黄帝以龙为图腾："黄帝将亡，则黄龙坠。"（《开元占经龙鱼虫蛇占篇》引《春秋合诚图》）殷人以玄鸟为图腾："少皞挚之立也，凤鸟适止，故纪于鸟。"（《左传·

---

① 此处暗指今日赫里河、扎拉弗尚河和阿姆河。——原编者

昭公十七年》）这些以图腾神作为立国征验的物占，实际上也是一种带有吉祥喜庆之意的祥瑞观念，它与古波斯灵光神话中反映出的样瑞观念，在神秘的宗教观念本质上是一脉相通的。它们都是以具有一定生存斗争意义的图腾崇拜观念为基础，因而具有部族历史的根源和部族集体的特征。中国原始社会中的图腾祖先神，是部族全体成员的神，是他们共同利益的保护者，并且作为整个部族的族徽和标志。随着原始社会向奴隶制社会的转化，图腾神的性质也发生了根本的改变，即由部族全体成员的祖先神和保护神变成了帝王个人的统治工具和精神保镖。在伊朗这种变化则表现为，先由图腾祖先神兼保护神梅赫尔发展到体现神主马兹达福佑的"伊朗部族之灵光"，继则发展成为象征神授君权的"凯扬灵光"。简言之，即由光明之神梅赫尔发展演变成为具有神秘宗教色彩的"灵光"。

三

> 我们赞美神主创造的凯扬灵光，
> 那非凡的、为人称羡的灵光，
> 那圣洁、万能而敏捷的灵光，
> 它凌驾于一切被造物之上。
>
> （1：9）

这首诗在《扎姆亚德·亚什特》每章开头均重复出现，其地位之重要自不待言。它说明这篇《亚什特》所讴歌和赞美的主要对象，并非一般的灵光，而是具有特殊意义的"凯扬灵光"。何谓"凯扬灵光"？"凯扬"是巴列维语词"凯"的复数形式。"凯"字相当于阿维斯塔语中的"卡维"，词义为"首领""统治者"。"卡维"在《亚什特》各篇中常与"灵光"一词连用，组成"卡瓦埃内姆·赫瓦雷诺"，意为"王者之灵光"，亦即"凯扬灵光"。琐罗亚斯德教认为，神主阿胡拉·马兹达是未有世界之初的善本原，天国和尘世万物的创造者，他本身是没有形状的神灵。因此，不能把灵光与神主马兹达等同起来，灵光只不过是神主福佑的象征而已，这就如同六大天神分别代表神主的某种品质一样。对于世间人君说来，神主马兹达的福佑则集中表现为神赐的王权。所以，我们不妨把"凯扬灵光"视为神赐王权的象征，或者看作为王者的庇护神。

"凯扬灵光"既然是"王者之灵光"，那么这里的"王者"又是指哪些人呢？从《扎姆亚德·亚什特》颂诗中不难看出，所谓"王者"，主要是指传说中伊朗雅利安人的帝王、英雄和先知。至于异族的统治者，因为他们不信从唯一、万能之神阿胡拉·马兹达，自然得不到神主的恩赐和庇佑。象征神赐王权的"凯扬灵光"根本与他们无缘。

《扎姆亚德·亚什特》第四、五、六三章，依次举出"凯扬灵光"属有者"卑什达德的胡尚格""披坚执锐的塔赫穆雷斯"和"拥有良畜的贾姆希德"，称道他们是"地面上七个国家的长期统治者"，热情地颂扬他们"制服了世民百姓和妖魔鬼怪，还有那蛮横的卡维和卡拉潘部落"。从作者反复吟诵的这两句诗中，我们似可悟出一个道理，即"得凯扬灵光者得王权"。胡尚格等人之所以能成为世间的君主，成为妖魔鬼怪和异族的征服者，就是因为他们享有"那非凡的、为人称羡的灵光"，得到了象征神赐王权的"凯扬灵光"的佑助。唯其如此，他们才有卓尔不群的表现，为伊朗部族的兴旺发达立下了不朽功勋。胡尚格"消灭了三分之二的马赞德朗众妖魔，以及瓦雷纳的谎言崇拜者。"（4：26）塔赫穆雷斯"击败为非作歹的众妖魔，并将阿赫里曼变成一匹马，从世界的一边赶到另一边，纵横驰骋，为期三十年。"（5：29）"贾姆希德从妖魔鬼怪那里，夺得牲畜、财富、欢乐和荣耀。在贾姆希德统治世界期间，食物不见腐败，人畜不见衰老，江河从不干，草木从不枯搞。"（6：32）在篇幅最长的第六章，作者还歌颂了另外两位"凯扬灵光"属有者的英雄壮举："法里东击败了阿日达哈克——生着三张嘴巴、三个脑袋和六只眼睛，且有上千种形体变化的妖魔。那妖魔极其虚伪，力大无穷，是阿赫里曼为损害尘世和扼杀真诚，而特意制造出来的罪恶的元凶！"(6：37)"加尔沙斯布力斩头上生角的巨龙——那遍体流脓的怪物，有上千个肚子、鼻子和脖子。它喷出的黄色毒液高过梭镖，吞噬的人和牲畜无以计数！中午时分，加尔沙斯布，在巨龙背上架锅做饭。那怪物被烟熏火燎得浑身冒汗，但见它猛然跃起，把铁锅掀倒，热汤四溅，英雄闪身躲到一边。"(6：40)这里作者不惜笔墨，大量引述民间传说故事，其用意显然是要说明：只有得"凯扬灵光"之助者才能功成名就，流芳百世。

《扎姆亚德·亚什特》第十和十一两章所歌颂的伊朗诸帝王，和上述胡尚格等帝王、英雄迥然不同，他们的名字前面均冠以"凯"的尊称。因此，后世学者称其为凯扬王朝诸王。对于凯扬王朝诸王的业绩，颂诗中没有详尽的描述，只是笼统地说："凯扬诸帝王个个勇武敏捷，无不具有虔诚而高尚的美德，全都是大无畏的英雄和豪杰。"(10：72)当颂扬著名国君凯·霍斯鲁击退来犯之敌时，作者唱道："他抓获邪恶的阿弗拉西亚布，及其奸诈的兄弟加尔西瓦兹，为被杀害的父亲西亚乌什，和骁勇的阿格里拉斯①报仇雪恨！"(11：77)这里提到的阿弗拉西亚布，即前文所说的那个三次下水追逐灵光而未遂的突朗彪形大汉，在民间传说中他是凯扬诸帝王最凶恶的敌人。看来，伊朗部族的主要敌人这时已由形形色色的妖魔鬼怪，变成专与伊朗为敌的异族统治者。如果说早先的妖魔鬼怪象征着氏族公社时期的自然暴力和社会暴力（如剽悍的土著部落），那么阿弗拉西亚布岂不就是原始社会末期与伊朗部族发生频繁战争的异族首领的代表吗？在琐罗亚斯德教祭司眼中，非伊朗人部族都是魔王阿赫里曼的崇拜者和邪恶的异教徒，他们的对立

---

① 民间传说中阿弗拉西亚布的兄弟，他对伊朗军队持同情态度，因而惨遭杀害。

和冲突乃是善恶二元矛盾、斗争的具体表现。在伊朗同异族之间发生的战争中，善本原阿胡拉·马兹达无疑是站在伊朗雅利安人一边的。唯其如此，伊朗部族首领才能获得象征神赐王权的"凯扬灵光"，成为独步天下的君主。

《扎姆亚德·亚什特》第十二和十三两章，写"凯扬灵光"属于伊朗的第一位先知琐罗亚斯德和凯·古什塔斯布国王。作者由衷地赞扬他们"按照正教的信条思想，按照正教的信条讲话，按照正教的信条行动。"(12：79，15：84) 称赞琐氏道："统治者中他最贤能，威严者中他最神圣，他的灵光最辉煌，胜利者中他最英明。"(12：79) 对伊朗宗教时代大名鼎鼎的国君凯·古什塔斯布倍加赞许："他以狼牙棒为真诚寻求自由解放，他以狼牙棒为善良开辟光明大道，他大力赞助和扶植琐罗亚斯德教。"(13：85) 在当时伊朗两大宗教派别的激烈斗争中，"敌视正教的塔斯里亚万特，拜倒在众妖魔脚下的帕尚，还有那伪信者阿尔贾斯布，和邪恶的不敬神的希翁部落，无不败于英勇的凯·古什塔斯布。"(13：87) 不言而喻，这时期摆在伊朗雅利安人面前的首要任务是，战胜顽固坚持传统的自然崇拜和多神信仰的邪教徒。凯·古什塔斯布国王顺应时代的要求，竭力支持神主马兹达的使者琐罗亚斯德传经布道，终于使正教得以扎下根来，并发展成为当时伊朗和中亚一带最强大的宗教。他们在事业上的成功，完全符合神意的安排，自然离不开象征神赐王权的"凯扬灵光"的庇佑。

总而言之，对伊朗帝王和英雄说来，"得凯扬灵光者得王权"，得神赐王权者功成名就，名垂千古，这就是琐罗亚斯德教祭司力图要人们接受的"永恒真理"。为了达到宣传的目的，琐罗亚斯德教祭司还在颂诗中塞进了与上述内容相辅相成的另一层意思，即为王者如若亵渎神明，背离正途，则将失去"凯扬灵光"的庇佑，落得前功尽弃，身败名裂的可悲下场。《扎姆亚德·亚什特》第六章第三十三和三十四两节诗用对比手法写出贾姆希德口出谎言前后的情形。说谎之前他是治国有方、政绩卓著的贤君；后来说了谎话，"灵光随即化作雄鹰腾空而去"，于是他成了违背神意、遭受惩罚的罪人，如此明显的变化怎不发人深思！这使我们联想起《阿维斯塔·万迪达德》[①]第二章记述的一则古老的神话传说，其中讲到"拥有良畜的美男子"贾姆希德受神主阿胡拉·马兹达的委托，出任尘世的第一位统治者。在治理尘世的九百年间，他先后三次以神赐的金戒指和镶金的手杖，令地面比原来扩大了一倍。这样，才使不断繁衍的人类、牲畜和家禽不再感到拥挤，并找到适宜的栖身之所。后来，贾姆希德遵照神主马兹达的启示，在名叫"埃朗维杰，(伊朗雅利安人的故乡)的地方，修筑了一座坚固的城堡，并从世间各种生物中挑选出完美无缺的一对带进城内，以使其免遭即将来临的毁灭性的暴风雪的袭击。这样，世间万物才得以平安地生存下来，人类才得以传宗接代，繁衍增殖。就是这样一位功德无量的伟大君王，竟被《扎姆亚德·亚什特》的作者描绘成一个不敬神明，遭受天罚的罪人！作者篡改神话故事的用意何在？答案想必是要证明"失凯扬灵光者失王权"，失神赐王权者将前功尽弃，一无所成。这是琐罗亚斯德教祭司为当权者敲响的警钟，告诫他们要好自为之；否则，将有被民众推翻的危险。

"灵光"说称得起是古波斯人的独创，但灵光神话所反映的神权观念，亦即君权神授的思想，在中国却是古已有之。比如，《尚书·洪范》记载了周初武王和箕子的一段对话，所谈内容就与贾姆希德失灵光的故事相类似。武王问：上天保佑下民，监视他们的行事，它的秩序(规律)如何，我还不大明白。箕子答：我听说以前鲧用土阻塞洪水，违反五行中水的特性，上帝震怒了，不给他洪范九畴。于是，世界的正常秩序遭到破坏，鲧也被杀死了。禹继承鲧的事业，上帝赐给他洪范九

[①]《万迪达德》词义为驱除妖魔的法规，是现存《阿维斯塔》六大部分之一，其中含有比较古老的神话和传说。

畴，这才使世界秩序得以恢复。由此看来，中国的鲧和伊朗的贾姆希德，都是因为言行不当惹恼了神灵，丧失了为王者的资格，才遭到上帝的惩罚。这种国运好坏，帝祚长短由上帝决定的"天命观"，与伊朗灵光神话宣扬的君权神授论，本质上没有任何区别。至于西汉董仲舒鼓吹的天人感应神学目的论，则全然是为汉武帝神道设教服务的。"天人相与之际，甚可畏也。国家将有失道之败，而天乃出灾害以谴告之；不知自省，又出怪异以警惧之，尚不知变，而伤败乃至。"（《汉书·董仲舒传》）这种"谴告"说，当然是站在维护统治阶级根本利益的立场上，试图用天对国君有所限制，以防其不行仁义，招致败亡。董氏还提出所谓"符瑞"说，是言有道明君受天命的预兆。"天瑞应诚而至，书曰：'白鱼入于王舟，有火复于王屋，流为乌。'此盖受命之符也。"（引书同上）后来两汉统治者大量制造祥瑞，广为传播谶纬迷信，其目的无非是假借神威来弥补其强力之不足。董仲舒的"谴告"和"符瑞"说，与伊朗琐罗亚斯德教祭司的"得凯扬灵光者得王权"和"失凯扬灵光者失王权"之类的宣传，如出一辙，都是论证为统治阶级服务的君权神授论。两者相比较，更能加深我们对《扎姆亚德·亚什特》颂诗的理解和认识。

顺便指出，有关灵光的描述不仅广泛存在于前伊斯兰时期的《阿维斯塔》及其文献和巴列维语各种著述中，而且在7世纪中叶阿拉伯人入主伊朗之后的伊斯兰时期，在宗教经典、史籍文论、民间传说和文学作品中也是屡见不鲜的。其影响之深远，不言自明。

第五章　琐罗亚斯德教"灵体"说的哲学探讨

两千五百多年以前产生的琐罗亚斯德教，是伊朗最古老的宗教，其创始人相传为先知琐罗亚斯德（旧译查拉斯图拉，约前660—583）①。从保留至今的比斯通（又称贝希斯敦）山岩铭文来看，阿契美尼德王朝时期（前559—前330）伊朗诸帝王所崇拜的庇护神，正是琐罗亚斯德教所奉祀的唯一、万能之神阿胡拉·马兹达。然而，琐罗亚斯德教之被奉尊为国教，却是后来萨珊王朝时期（224—651）的事。7世纪中叶游牧的、笃信伊斯兰教的阿拉伯人入主伊朗之后，琐罗亚斯德教日趋没落，其圣书《阿维斯塔》②也被《古兰经》取而代之。但这并不等于说琐罗亚

---

① 关于伊朗第一位先知琐罗亚斯德的生卒年月和出生地点，学术界迄今众说纷纭，莫衷一是，若把有关他出生年代的不同说法归纳起来，则其上限可追究到公元前6000年，而下限又延至公元前600年，两者竟有数千年的差距，此处标明的琐罗亚斯德生卒年代，是近代美国学者杰克逊的看法，它赢得了多数学者的赞同。

② 《阿维斯塔》又称波斯古经，是伊朗最古老的宗教文献，同时也是伊朗最早的一部诗文总集，约成书于公元前7—前6世纪。公元前4世纪被入主波斯的希腊—马其顿王亚历山大焚毁，后于萨珊王朝时期重新编订，成为当时人人必读的圣书。公元7世纪中叶以后，随着阿拉伯人的入主，屡遭兵燹之患，流传至今仅存十四万字。学者按内容将《阿维斯塔》残卷分为六个部分，即《伽

斯德教的影响已成过眼云烟。事实上伊斯兰教（尤其是什叶派）的许多信条和轨度，都同琐罗亚斯德教不无关系。时至今日，伊朗人每当提起琐罗亚斯德教倡导的"三善"（善思、善言和善行）原则，依然赞不绝口，引以自豪，足见其影响之深远。

萨珊王朝时期，盛极一时的琐罗亚斯德教，曾于6世纪南北朝时传入我国，被称作"祆教""火祆教"，或称"火教""拜火教"，西域的焉耆、康国、疏勒、于阗等均信奉该教；北魏、北齐、北周的皇帝都曾带头奉祀。隋唐时东西两京都建立祆祠，并设有祀官。北宋末南宋初在汴梁、镇江等地尚有祆祠，民间也有拜火的习俗，宗以后，中国史籍便不再提及。由此看来，琐罗亚斯德教与我国也有一定的关系，值得我们加以重视和研究。

依我之见，所谓的琐罗亚斯德学说，是指伊朗历史上第一位先知在波斯古经《阿维斯塔·伽萨》①颂诗中首先提出，继则由后世祭司加以阐扬的宗教—哲学体系，其中包括教主琐罗亚斯德著名的善恶二元论，亦即对世界的本原、形成和结局的看法，以及建立在这种宇宙观基础上的、以"抑恶扬善"为主旨的神学目的论，和以"君权神授"为核心的社会道德观。本文的意图虽然不在全面地论述琐罗亚斯德学说，而是主要通过对《法尔瓦尔丁·亚什特》颂神诗的剖析，就琐罗亚斯德教宣扬的"灵体"说，进行初步的哲学探讨，以把握它的深刻内涵的精神实质；但是，在我们论述的过程中却会涉及，与"灵体"说关系极为密切的琐罗亚斯德教的神学目的论。

萨》《亚斯纳》《维斯帕拉德》《亚什特》《万迪达德》和《胡尔达·阿维斯塔》，参看拙文《波斯古经〈阿维斯塔〉》，载《外国文学研究》1986年第1期。

① 《伽萨》在阿维斯塔语中词义为颂歌，共五篇十七章，二百三十七节音节体诗。相传为数主琐罗亚斯德本人吟咏的诗歌，故有"琐罗亚斯德之歌"之称，被公认为是《阿维斯塔》的核心部分，参看拙文《琐罗亚斯德如是说——〈阿维斯塔·伽萨〉颂诗浅析》，载《外国文学研究集刊》第10辑。

"灵体"观念与柏拉图的"理念"论

作为"灵体颂"的《法尔瓦尔丁·亚什特》，虽然通篇是对"善良"、强大而纯洁的"灵体"的颂扬，但却没有一处讲明灵体的具体含义，致使读者颇感费解。经查阅《巴列维语词典》方才得知：阿维斯塔语词"法尔瓦尔丁"（Fravashi）亦即古波斯语的"弗拉瓦尔带"（Fravarti），中波斯语（巴列维语）的"弗拉瓦赫尔"（Fravahr），新波斯语（达里波斯语）的"弗拉瓦尔德"（Fravard），词义为"原始的精灵"，或作"天国里永恒的精神体"，亦即"自然万物在天国的原型"[①]。根据词典的注释，我们暂且把"法尔瓦尔丁"一词译为"灵体"，或许也还说得过去。然而，不可否认，"灵体"这个概念对于中国读者说来还是比较生疏和抽象的，有待于我们进一步做出具体的说明。为帮助读者理解和掌握灵体的含义及其本质特征，这里不妨引述巴列维语宗教文献《班达赫申》（词义为"原始的创造"，亦即"创世记"）中有关开天辟地的神话传说，其故事梗概如下：

早在原始之初，宇宙间就存在着各自独立、互不相干的善与恶两大本原，亦即光明与黑暗两个世界。光明世界的主宰是无比智慧而仁慈的阿胡拉·马兹达（善本原），他英明地预见到黑暗世界的魔王阿赫里曼（恶本原）迟早要来进犯，使光明世界蒙受其害。为防患未然，做好反击阿赫里曼及其众妖魔的准备，阿胡拉·马兹达决定创造一个理想的天国。在善本原创造的天国里，既没有水和土，也没有皮肉和躯体，唯一的存在物是精灵。在这个精灵的天国中，既没有物质和物质的运

[①] 参看巴赫拉姆·法尔瓦尔丁：《巴列维语词典》，德黑兰大学出版社1977年版，第198页。

动,也没有任何言论和行动,到处是一片宁静和安谧。大约过了三千年,恶魔阿赫里曼无意中发现了光辉灿烂的天国,他妒火中烧,顿生邪念,必欲置其于死地而后快。于是,恶本原阿赫里曼制造出形形色色的妖魔鬼怪,狂妄地向善本原马兹达提出了挑战。经过一番较量,阿赫里曼显然不是马兹达的对手,但他并不甘心失败,便龟缩在魔窟里等待时机,以求一逞。睿智的马兹达早已胸有成竹,知道最终的胜利非他莫属,只是出于策略的考虑,这才主动提议媾和。结果,善与恶两大本原约定,双方进行为期九千年的斗争以决雌雄。

头三千年内,恶本原阿赫里曼慑于光明世界的强大,未敢轻举妄动,他蛰居于黑魆魆的魔窟之中,无精打采地虚度光阴。善本原马兹达抓紧利用这段时间首先着手充实了神灵的天国,继而创造出一个实物世界,以便在冥顽不灵的阿赫里曼发动进攻之前,构筑起坚不可摧的防御体系。

阿胡拉·马兹达最先造出巴赫曼、奥尔迪贝赫什特、沙赫里瓦尔、斯潘达尔马兹、霍尔达德和阿莫尔达德等六大天神,作为自己日后支配和管理实物世界(尘世)的得力助手[1]。接着,他以"漫无边际的光源"造出熊熊燃烧之火,以熊熊之火造出形如十五岁青年的大气,再以大气造出液态的水,最后用水造出了土。"火、气、水、土"四大要素齐备之后,善本原马兹达便用它们在一年时间内分六次相继创造了天空、江河、大地、植物、动物和人类。在此期间,马兹达还设计并制造出七层天。第一层天是云彩的所在。云层之上布满星斗,其中四颗特别明

---

[1] 神主阿胡拉·马兹达的六大助神依次为:巴赫曼,在天国代表马兹达的智慧和善良,在尘世为动物神;奥尔迪贝赫什特,在天国代表马兹达的至诚和纯洁,在尘世为火神;沙赫里瓦尔,在天国代表马兹达的威严和统治,在尘世为金属神;斯潘达尔马兹,在天国里代表马兹达的谦虚和仁爱,在尘世为土地神;霍尔达德,在天国代表马兹达的完美和长寿,在尘世为江河之神;阿莫尔达德,在天国代表马兹达永恒和不朽,在尘世为植物神。

亮的星,即蒂什塔尔、萨塔瓦耶斯、瓦南德和哈弗特·乌兰格①,分别被指派为东、南、西、北星空的首领,这四大首领又归北极星统属。第三层天是闪烁着纯光的众星体,它们构成一道妖魔鬼怪不可逾越的屏障。第四层天上悬挂着一轮明月,里面贮藏着四条腿动物的胎藏。第五层天上是金光四射的太阳,太阳和月亮为所有星体的统帅。太阳之上是"漫无边际的光源",此乃六大天神阿姆沙斯潘丹②的住地。最高的第七层天上,矗立着善本原马兹达本人的巍峨宫殿。在大地与第一层天之间设有能流动的风、浮云和闪电,以备将来雨神蒂什塔尔走电奔雷、兴云致雨之用。就这样,阿胡拉·马兹达完成了开天辟地的创举,从而做好了迎战恶魔阿赫里曼的准备。

此时的光明世界,一片灿烂辉煌,见不到任何黑暗的角落,也没有白昼和黑夜之分。自然万物如同其在天国的原型一样,各就其位,静止不动,沉浸在安谧的氛围中。唯独人类的众灵体在天国表现得异常活跃。善本原马兹达意味深长地向他们发问道:"如今我已完成世界的创造,并做好迎战阿赫里曼的一切准备。你们又将做何打算呢?是遵从我的意愿,下凡尘世,投入将与阿赫里曼展开的长期斗争,以击败形形色色的妖魔鬼怪,彻底清除世上的暴虐、贪婪和虚伪,然后尽情享受幸福美满的生活呢,还是想逃避这场与恶魔进行的殊死战斗?"人类的众灵体一致表示,决不辜负善本原和光明之主马兹达的期望,誓与罪恶的元凶阿赫里曼斗争到底。因为他们知道,只有通过与妖魔鬼怪的坚决斗争,人类才能灵魂得救,获得永生。

第二个三千年开始,在女妖的百般蛊惑下,阿赫里曼振作起来,率领众妖魔气势汹汹地杀向光明世界,大肆摧残善本原的各种创造物,一

---

① 蒂什塔尔指天狼星,萨塔瓦耶斯为天狼星的伴星,瓦南德指天琴星座中的一颗星,哈弗特·乌兰格即北斗七星。
② 善本原阿胡拉·马兹达的六大助神的统称。

时间闹得天昏地暗，乌烟瘴气。马兹达忍无可忍，奋起反击，痛歼众妖魔。阿赫里曼一败涂地，仓皇逃回阴暗的魔窟。可是，妖魔鬼怪给世间带来的虚伪、奸诈和暴虐，以及贫穷、疾苦和灾难，还有各种毒蛇猛兽却保留下来，继续危害善本原的创造物。进入最后三千年，阿胡拉·马兹达应不堪忍受折磨的牛精古舒尔万的恳求，选派琐罗亚斯德的灵体下凡，宣示神意，传播正教，以指引世民百姓走上抑恶扬善、弃暗投明的正途，协助神主马兹达清除世上的一切邪恶势力，最终战胜以阿赫里曼为罪魁祸首的众妖魔，还世界以光明、纯洁的原貌。

从上述优美动人而富于哲理的神话传说我们不难看出，善本原马兹达所创造的天国里唯一的存在物"精灵"，就是《巴列维语词典》所指的"永恒的精神体"，亦即我们所谓的"灵体"。那个没有物质和物质运动的"光明天国"，也就是由"原始的精灵"组成的"灵体世界"。这个秩序井然、静止不动的灵体世界，起码要比实物世界，亦即尘世，早存在三千年。善本原马兹达为防范恶魔阿赫里曼的侵犯，这才着手充实天国和创造了尘世，换言之，即尘世是在马兹达与阿赫里曼两大本原约定进行为期九千年的斗争之后，于头三千年内创造出来的。怎样创造出来的呢？是善本原马兹达依据"自然万物在天国的原型"，用来源于"光"的四大要素"火、气、水、土"，在一年时间里分六次先后创造出天空、江河、大地、植物、动物和人类的。神主创造出自然万物来做什么用呢？一言以蔽之，是为了防范和反击恶魔阿赫里曼的进攻，进而消灭残余的邪恶势力。若把古波斯宗教神话中有关灵体的这些说法，同古希腊哲学家柏拉图的"理念"论加以对照和比较，我们就会发现两者之间确有惊人的相似之处。

柏拉图认为，"凡是由人的理性推理所认识的东西总是真实的，永远不变的，而凡是意见和非理性的感觉对象总是变化不居的，不真实的。"① 这就是说，人们日常感觉到的具体事物都是运动变化的，不真实的，只有通过理性认识到的"理念"才是永恒不变、唯一真实的"绝对存在"。显然，古波斯宗教神话中的灵体，作为"原始的精灵"和"天国里永恒的精神体"，与柏拉图所谓的"理念"大体相当，两者都是由人的理性推理所认识的东西，都被看作是永恒不变的绝对存在，并且都具有客观唯心主义的特征和神秘主义的色彩。再者，柏拉图从他的"理念"论出发，把世界分成两个：一个是由具体事物组成的、肉眼可以看得见的物质世界，即"可见世界"；一个是由理念组成的理念世界，即"可知世界"。他认为这两个世界之间的关系是原本和摹本的关系。不言而喻，这里柏拉图所谓的"可见世界"，也就是古波斯宗教神话中的实物世界（尘世）；柏拉图所谓的"可知世界"，也就是古波斯宗教神话中的灵体世界（天国）。"可知世界"与"可见世界"的关系，亦即理念世界与物质世界的关系，同琐罗亚斯德教神话中的天国与尘世，亦即灵体世界与实物世界的关系完全一样，都是原本和摹本的关系。在柏拉图看来，理念是原本、模型，个别事物是理念的摹本、影子；或者说，个别事物的存在，只是"分有"了理念的结果。总之，理念是第一性的，具体事物是"分有"理念、"模仿"理念，是由理念派生出来的。显然，柏拉图的这种"理念"论，和琐罗亚斯德教神话中有关灵体是"自然万物在天国的原型"的说教如出一辙，在客观唯心主义本质上两者是一脉相承的。值得指出的是，琐罗亚斯德教特别强调人类的众灵体在天国表现得异常积极和活跃。这一点在《法尔瓦尔丁·亚什特》颂神诗中也有所反映：

须知信士们善良、强大而纯洁的灵体，

---

① 《古希腊罗马哲学》，北京大学哲学系外国哲学史教研室编，商务印书馆1982年版，第207页。

在善与恶的创造物中表现得最为积极；
早在斯潘德·迈纽和阿赫里曼造物之初，
它们就显得兴奋异常，不停地游来荡去。

(22：76)

被马克思誉为"古代最伟大的思想家"的亚里士多德，曾给予柏拉图的"理念"论以有力的批判。他指出，柏拉图把具体事物看成理念的摹本、影子，或者把个别事物说成是"分有"理念的结果，"这只不过是使用空虚的语言和诗意比喻而已"[①]，完全不能说明问题。而琐罗亚斯德教祭司制造鼓吹神秘的"灵体"说，却有其明确的宗教目的，即通过虚构的灵体世界，来宣扬光明天国的永恒不朽和无限美好，进而激发人们对光明天国的热烈向往和追求。亚里士多德认为，柏拉图"理念"论的根本错误就在于，把观念视为脱离具体事物而独立存在的东西。他质问道：抽象的共性怎能单独存在？一般只能存在于个别之中，"不能设想，在个别房屋之外还存在着一般的房屋"。[②] 亚里士多德的批判切中了"理念"论的要害，正如列宁所说"亚里士多德对柏拉图的'理念'的批判，是对唯心主义，即一般唯心主义的批判"。[③] 因为把一般和个别割裂、甚至颠倒过来本不只是柏拉图的"理念"论的特征，而且是包括琐罗亚斯德教"灵体"说在内的一切唯心主义学说的特征。

---

① 《古希腊罗马哲学》，第 827 页。
② 转引自《列宁全集》，第 38 卷，第 409 页。
③ 《列宁全集》，第 38 卷，第 313 页。

灵体的特殊功能与唯心主义神学目的论

在弄清了灵体的含义及其本质特征之后，接下来就该进一步地阐明琐罗亚斯德教"灵体"说的主要内容，和它所包蕴的哲学意义。为此，我们必须对赞颂灵体特殊功能的《法尔瓦尔丁·亚什特》加以具体的剖析。可是，考虑到灵体是神主阿胡拉·马兹达的重要助神之一；在善恶二元长期斗争的各个阶段，灵体始终发挥着不可忽视的作用；而且灵体所具有的非凡神力和特殊功能，又和实现神主马兹达的终极目的关系极为密切，所以，我们还是首先概略地介绍一下琐罗亚斯德教的神学目的论。这样，叙述起来也比较方便。

根据巴列维语宗教文献《班达赫申》记载的创世神话，我们似乎可以这样来描述琐罗亚斯德教以"抑恶扬善"为最高目的的神学目的论：未有世界之初就存在着各自独立、互不相干的善与恶两大本原，就存在着以阿胡拉·马兹达为主宰的光明世界与以阿赫里曼为元凶的黑暗世界的对立、矛盾和斗争。善本原马兹达之所以要创造由灵体组成的天国和以灵体为原型的尘世，乃是为了防备和反击恶本原阿赫里曼及其众妖魔的进攻。这场关系到人类命运和世界前途的善恶之争总共要持续九千年，最后必将以善神的完全胜利和恶魔的彻底失败而告终。到那时，天地间将焕然一新，恢复原始之初光明世界的模样。这就是琐罗亚斯德教神学目的论的基本内容，它构成了琐罗亚斯德教—哲学体系的核心部分。

古波斯创世神话中说，善本原阿胡拉·马兹达为了赶在冥顽不灵的恶魔阿赫里曼发动进攻之前，构筑起坚不可摧的防御体系，于是，在约定进行的为期九千年的斗争的头三千年内，抓紧时间，首先着手充实了神灵的天国，继则创造出尘世万物。天国的神灵和世间万物全都是善本原马兹达创造的，这一点在素有"琐罗亚斯德教之歌"之称的《阿维斯塔·伽萨》颂诗中表述得再清楚不过了。

《法尔瓦尔丁·亚什特》用大量的篇幅讴歌了灵体的非凡神力和特殊功能，它开宗明义，起笔就通过神主阿胡拉·马兹达与使者琐罗亚斯德的对话，点出全篇的主题：

呵，琐罗亚斯德！
现在我要确切地告诉你，
那善者强大的众灵体，
及其无往而不胜的灵光和神力？
是怎样支持和帮助我的，

（1：1）

接下去，便写众灵体协助神主马兹达架天于宇宙的空间。诗云：

呵，琐罗亚斯德！
得助于闪耀着灵光的众灵体，
我才能架天于高空，
使之放射出光芒，
形成笼罩大地的苍穹。
那众灵体擎起的穹隆，
坚固异常，辽阔无垠，
犹如熠熠发光的熔铁，
闪耀在地面之上的空中。

（1：2）

第一章第十六节还提到,因为"得助于闪耀着灵光的众灵体",太阳、月亮和星辰"才能沿着既定的轨道运行"。第十八章十六节强调指出,"其中有九万九千九百九十九个灵体,充当北斗七星的守卫"。神主阿胡拉·马兹达借助于众灵体的非凡神力,支撑着广阔无边的天体,并促使日月星辰发生有规律的变化和运动,这说明灵体不愧为善本原马兹达的重要助神。不仅如此,善者的众灵体还遵从马兹达的意愿,推动着长江大河流向它应去的地方。

我们赞美——
信士们善良、强大而纯洁的灵体,
他们为马兹达创造的江河指明前程;
自开天辟地以来的江河之水,
长期停滞,迄今还未曾流动……

(14:53)

而现在,为取悦神主和六大天神,
正沿着马兹达开辟的道路,
流向众灵体选中的地方,
流向预定的水源充足的国土。

(14:54)

善者的众灵体还协助神主阿胡拉·马兹达保护宽广的大地及大地上一切美好的创造物。

我庇护着阿胡拉创造的大地。
这起伏不平、广袤千里的土地,

怀抱着世间无数美好的东西。

（1∶9）

滔滔的江河在地面上奔流不息，
为保护牲畜、人类和五种动物①，
以及纯洁的信士和伊朗的国土，
辽阔的大地上生长着各种植物。

（1∶10）

花草树木的茁壮生长，同样离不开善者众灵体的神佑。有诗为证：

我们赞美——
信士们善良、强大而纯洁的灵体，
他们使青草茂盛，鲜花怒放；
自开天辟地以来的各类植物，
长期埋在地下，还未曾发芽生长。

（15∶55）

而现在，为取悦神主和六大天神，
在马兹达创造的大地上，
在众灵体选中的地方，
按约定时间破土而出，茁壮成长。

（15∶56）

---

① 五种动物指水生动物、爬行动物、飞行动物、有益动物和食草动物。——原编者

上述引诗告诉我们,在神主阿胡拉·马兹达推动自然万物发生变化和运动的过程中,善者的众灵体发挥了不可忽视的辅助作用。如果说善本原马兹达是天空、江河、大地、植物和动物的创造者和支配者,那么灵体就是世界万物发生变化和运动的具体推动者。换句话说,灵体的第一大特殊功能便是协助神主促进和推动自然万物发生变化和有规律地运动。除此而外,灵体还有更加重要的作用,那便是对人类,尤其是对行善积德的正教徒的保护和庇佑。有关这方面的诗,在《法尔瓦尔丁·亚什特》中俯拾即是,不胜枚举。兹录首章第十一节诗为例:

呵,琐罗亚斯德!
得助于闪耀着灵光的众灵体,
我保护胎儿在母腹中健康成长,
使其骨肉、头发、手足和内脏,
在分娩时合为人体的模样。

同章第十五节诗唱道:因为"得助于闪耀着灵光的众灵体","女人的肚腹才能把男子的精液贮藏","妇女才能够怀孕和生育","孕妇分娩时才能够顺利"。前述古波斯创世神话中提到,人类是由善本原阿胡拉·马兹达创造的,此处又讲每个人在母体中的发育成长,还有赖于灵体的神助。按照琐罗亚斯德教的说法,灵体是"人所具有的五种潜在力"①之一,只有当某人的灵体从天国下凡之后,他才能应运而生,成其为人。若是缺少这种潜在力量,没有灵体的降世,世上也就不存在相应的这个人。此外,每个人从母腹中的胎儿直至生命的最后一息,时刻都离不开其灵体的关照和庇护。单从这一点来看,古波斯人信奉的灵

---

① 人所具有的五种潜在力是活力、良知、悟性、灵魂和灵体。参看阿巴斯·梅赫林教授:《阿维斯塔时代文学史》,德黑兰,1972年版,第92页。

体倒很像中国古代崇祀的司命之神。屈原的《九歌》中就有关于"大司命"和"少司命"的描写。《汉书·郊祀志》云："荆巫有司命,说者曰文昌第四星也。"说明古代已有楚巫迎降司命之神。洪兴祖补主云："五臣云:'司命,星名,主知生死,辅天行化,诛恶护善也。'"又《庄子·至乐》篇云:"使司命复生子形,为子骨肉肌肤。"中国古籍中描述的执掌寿夭之事的司命,与前引《法尔瓦尔丁·亚什特》颂神诗的灵体是多么相似啊!"主知生死,辅天行化,诛恶护善",灵体正是这样的神明。

如此说来,若失去灵体的佑助,也就没有人类的繁衍,而没有人类的繁衍,就意味着恶本原阿赫里曼的得逞,那还有什么"抑恶扬善"可言?神主马兹达考虑及此,所以对使者琐罗亚斯德道出了肺腑之言:

> 倘若没有善者强大的灵体相助,
> 也就不存在优秀的人类和动物;
> 那时谎言必将得势,为所欲为,
> 整个世界将归邪恶的魔鬼统属!

(1:12)

灵体的神威还表现在"抑恶扬善"的战场上。"在正教徒强大的众灵体与梅赫尔、拉申、达莫伊什·乌帕马纳和所向披靡的风神一起关注的地方,[敌人的]各家族、部落必然迅速被歼灭,数以十计、百计、千计、万计和数十万计。"(12:48)诗人热情地颂扬"信士们善良、强大而纯洁的灵体,是最矫健的骑手,最敏捷的先锋,最坚强的后盾,最锐利的武器"(3:26)。作者之所以把灵体与宗教战争联系起来,主要为了强调灵体是笃信正教的善男信女的庇护神。第二十二章当谈到取悦于众灵体的正教徒向敌人发动进攻时,有这样的生动描写:"无论是出鞘的利剑,还是投出的狼牙棒;无论是发射的翎箭,还是掷出的石块和标枪，都不能使之受伤。"正因为得到灵体的关照和佑助，行善者在刀光剑影的战场上才能确保自身的安全，进而克敌制胜，消灭代表邪恶势力的异教徒。这些便是灵体的第二大特殊功能。

灵体的第三大特殊功能，突出地表现在他们为实现神主阿胡拉·马兹达以"抑恶扬善"为主旨的终极目的而做出的重大贡献上。在这方面《法尔瓦尔丁·亚什特》中有两首诗特别引人注目，其中一首是这样写的：

> 我们赞美——
> 信士们善良、强大而纯洁的灵体，
> 其中有九万九千九百九十九个灵体，
> 守护着手执狼牙棒、长发辫的英雄，
> 加尔沙斯布的躯体。
>
> （19：61）

据巴列维语宗教文献《班达赫申》记载，伊朗英雄加尔沙斯布因冒犯神主的尊严，受到阿胡拉·马兹达的惩罚，在佩尚塞原野被突朗人尼哈克用箭射倒在地，昏迷不醒，进入神奇的梦境。直至教主琐罗亚斯德升天两千年后，被囚禁的巨妖阿日达哈克挣脱锁链，逃出达马万德山，大肆残害人畜之时，神主马兹达才让英雄加尔沙斯布从梦中醒来，为民除害，杀死作恶多端的阿日达哈克。引诗中提到有九万九千九百九十九个善者的灵体，守着长眠不醒的加尔沙斯布的躯体，为的是来日让他听从神主马兹达的召唤，在善与恶的殊死斗争中斩妖除害，戴罪立功。在琐罗亚斯德教教徒眼中，加尔沙斯布是永生不死的伟大英雄，世界末日到来之际，他将协助下凡尘世的隐遁先知苏什扬特，彻底战胜世间的邪恶势力，清除一切罪恶和污垢，还世界以光明、

纯洁的面貌。另一首短小而重要的诗写道:

> 我们赞美——
> 信士们善良、强大而纯洁的灵体,
> 其中有九万九千九百九十九个灵体,
> 担任先知琐罗亚斯德的精液的守卫。
>
> (20:62)

这首诗中也包含有一个琐罗亚斯德教的传说故事。据说,教主琐罗亚斯德曾与其妻赫沃薇同房三次,每次都将精液泄射到地上。神主马兹达吩咐传令天使内里尤桑格,将饱含光和力的先知的精液取走,交给司江河的女神阿娜希塔保管。阿娜希塔将琐罗亚斯德的精液,保存在位于锡斯坦的卡扬西湖。教主升天一千年后,有位名叫芭德的姑娘到湖中洗浴受孕,过了九个月她生下第一位隐遁先知胡希达尔。其时空中的太阳静止不动,十日不落,以晓谕百姓新先知的降世。教主升天两千年后,有位名叫韦赫·芭德的姑娘到湖中洗浴受孕,过了九个月她生下第二位隐遁先知胡希达尔·马赫。其时空中的太阳静止不动,二十日不落,以晓谕百姓另一位新先知的降世。教主升天后三千年,亦即神主阿胡拉·马兹达与恶魔阿赫里曼约定进行的为期九千年的斗争结束之时,有位名叫埃雷达特·菲兹丽的姑娘到湖中洗浴受孕,过了九个月她生下第三位隐遁先知苏什扬特。其时太阳高挂中天,三十日不落,以晓谕百姓最后一位先知的降世。苏什扬特降世之日,也就是终审日来临之时。到那时,整个大地将被洪水般的熔铁所覆盖,善良信士的灵魂经受住灼热的熔铁的考验,升入天国;而为非作歹者的幽灵将在铄石流金中发出痛苦的哀号,坠落地狱。恶本原阿赫里曼及其众妖魔带到人世间的一切邪恶和污秽之物被荡涤之后,整个世界将焕然一新，大放光明，一如原始之初那样。由此可见，引诗中提到有九万九千九百九十九个善者的灵体，守护着教主琐罗亚斯德的精液，这乃是一项意义十分重大的历史使命。它关系到隐遁先知的降生，关系到善与恶两大本原斗争的结局，关系到人类的命运和世界的前途，一句话，关系到神主阿胡拉·马兹达的终极目的能否实现。

总而言之，从以上所引《法尔瓦尔丁·亚什特》颂神诗来看，灵体（尤其是善者的灵体）不但在创世之初表现得异常活跃，迫不及待地要下凡尘世，投入与恶本原阿赫里曼展开的斗争中去；而且在善与恶两大本原的长达数千年的斗争中，积极协助阿胡拉·马兹达推动自然万物发生变化和有规律的运动，并竭力庇佑虔诚的正教徒和行善积德的信士，从而为实现神主"抑恶扬善"的终极目的做出卓越的贡献。正因为如此，灵体才享有崇高的地位和荣誉，受到人们的普遍敬仰和尊重。琐罗亚斯德教祭司用专门一篇《亚什特》来颂扬灵体的特殊功能和非凡神力，其原因大概也在于此。

为了加深对包含"灵体"说内容的琐罗亚斯德教神学目的论的理解和认识，我们将它同古希腊唯心主义的目的论加以对照和比较，还是有所裨益的。柏拉图在说明理念和理念的关系时，把理念分成若干等级，其中最低级的是具体事物的理念，最高级的是"善"。他认为"善"是创造世界一切的力量和源泉，是"超乎存在之上，比存在更尊严更有威力的东西。"① 实际上这种"善"就是神的化身，它相当于古波斯宗教神话中天国和尘世的创造者——善本原阿胡拉·马兹达。柏拉图不但是有神论的支持者，而且认为造物主（神）在创造世界万物时，任何安排都是有计划有目的的，都体现着造物主的意志和智慧。比如，神创造的人，他身体的各部分便都具有一个合理的目的。显而易见，与古波斯琐罗亚斯德教一样，柏拉图唱的也是神学目的论的调子。亚里士多德与

---

① 《古希腊罗马哲学》，第128页。

他的老师柏拉图在哲学上有深刻的分歧。如前所述,他从"实体"说中的唯物主义观点出发,曾对柏拉图的"理念"论进行过有力的批判。但是,应该指出,亚里士多德哲学体系的基本特点是动摇于唯物主义和唯心主义、辩证法和形而上学之间,最后还是陷入唯心主义和形而上学的泥坑。比如,他的"形式质料"说虽然不乏唯物主义的见解,但也包含有明显的唯心主义目的论的成分。亚里士多德认为,质料只是一种"潜在"的东西,只有形式才是现实的东西。事物之所以形成和存在,不是由于质料,而是取决于形式。只有在形式的推动下,并以形式作为追求的目的,质料才能从潜能变为现实。他还认为,质料和形式的区别只有相对性,比如砖、瓦对于泥土来说是形式,而对于房屋来说又是质料。高一级事物是它低一级事物的形式,低一级事物是它高一级事物的质料;而且这种等级体系不能是无线的,它总有一个开头和结尾。于是,便推演出一个完全没有形式的质料,即"纯质料",以及完全没有质料的形式,即"纯形式"。在他看来,这种"纯形式"无论在现实性上和时间上都是先于质料的,它是整个宇宙的推动者,其本身则是不动的,"所以它是不动的第一推动者"①。亚里士多德在对"自然"的理解中也同样贯穿着错误的目的论。他说:"既然'自然',意味着两样东西,质料和形式,其中后者是目的,既然所有其他的东西都为了目的,那么形式就应该是'所追求的那个东西'这个意义之下的原因"②。由此,他得出结论说:"自然是一种原因,一种为一个目的而活动的原因。"③亚里士多德承认有一个"不动的推动者"推动着一切事物的运动,他认为"宇宙间总该有一原动者,自己不动,而使一切事物运动"④。毋庸置疑,这里所说的"不动的推动者",不在空间之内,而是超空间的,它和柏拉

---

① 亚里士多德:《形而上学》,商务印书馆1959年版,第253页。
② 《古希腊罗马哲学》,第257页。
③ 同上书,第258页。
④ 亚里士多德:《形而上学》,第82页。

图所谓的最高理念"善"意思一样，都是神的代名词。这样一来，亚里士多德岂不就和柏拉图殊途同归，跌进神学唯心主义的泥沼了吗？

柏拉图继承苏格拉底的衣钵，公开宣扬神创造世界万物是有计划有目的的，亚里士多德则提出作为一切事物所追求的终极目的的"纯形式"（神）是整个宇宙的"不动的第一推动者"。稍加比较，我们就会发现，他们的这些观点同琐罗亚斯德教有关神主阿胡拉·马兹达为实现其"抑恶扬善"的最终目的而推动自然万物发生变化和有规律运动的说教，在本质上毫无区别，都是建立在客观唯心主义基础上的神学目的论。如果说还有所不同的话，那便是琐罗亚斯德教的神学目的论以善与恶两大本原的根本对立、矛盾和长期斗争为中心内容，以"抑恶扬善"、恢复光明世界的本来面貌为终极目的；而且在善本原阿胡拉·马兹达为实现终极目的而推动自然万物发生变化和运动的全过程中，得到灵体的大力协助。所有这些具体的神学思想，都带有鲜明的伊朗民族的特色，在古希腊唯心主义哲学中是难以见到的。

当我们分析《法尔瓦尔丁·亚什特》颂神诗和论述琐罗亚斯德"灵体"说及共有关的神学目的论时，总是把古希腊柏拉图和亚里士多德的哲学观点拿来加以对照和进行比较，这是因为两者之间确实有不少相类似的地方。为什么会发生这种雷同的现象呢？想来这或许与古波斯和希腊罗马帝国在历史上的文化思想交往不无关系。试举几个例子来加以说明。其一，公元前330年希腊—马其顿的亚历山大挥师东征，灭伊朗阿契美尼德王朝。据巴列维语宗教文献《丁·卡尔特》记载，入主波斯的亚历山大王曾令人将《阿维斯塔》中有关医学、天文学和哲学等内容翻译成希腊文，运回国内，然后将这部波斯古经付之一炬。其二，亚历山大逝世后，由其部将建立的塞琉古王朝统治时间不长，即被安息王朝取而代之；但希腊语在伊朗仍很流行。安息前期诸国君大都熟谙希腊文化，奥罗德一世（前55—37）就曾用希腊文撰写史书。在出土的安息硬币上发现有希腊文字①。我国史学家周谷城先生在《古代西亚的国际地位》一文中指出安息帝国"是继承古波斯帝国、亚历山大帝国、塞琉古帝国等的传统而兴起的,所以受希腊化的时间已很久。……安息人的整个文化生活,几乎都希腊化了。"②其三,建国于公元3世纪的萨珊王朝虽然长期与东罗马拜占庭帝国互争雄长,时战时和,但两国之间的文化往来并未因此而中辍。据历史记载,阿努希尔旺一世时期(531—579),伊朗宫廷曾收容从亚历山大逃亡来的七位罗马学者和医生,将他们安置在当时伊朗的文化中心琼迪·沙普尔开办医学院,并委托他们翻译了新柏拉图主义哲学著作③。新柏拉图主义是古希腊柏拉图哲学、斯新多葛派和毕达哥拉斯学派等唯心主义哲学杂糅而成的神秘主义理论。这种理论传入伊朗,不仅对前伊斯兰时期的琐罗亚斯德教、摩尼教等产生了影响,而且对后来的伊斯兰教也有很大的影响。由此看来,神秘的"灵体"说虽是古波斯琐罗亚斯德教特有的神学理论,但也不能完全排除它吸收了古希腊罗马唯心主义哲学的某些因素的可能性。根据以上所举的历史事实,我们在对琐罗亚斯德教"灵体"说进行哲学探讨时,有意识地把它和古希腊的唯心主义哲学加以比较,就是完全应该的和适宜的。

---

① 参看哈桑·皮尔尼亚·莫希尔杜拉和阿巴斯·艾格巴尔·阿什蒂亚尼:《伊朗通史》,德黑兰(原书未注明出版日期),第174—175页。
② 周谷城:《史学与美学》,上海人民出版社1984年版,第55页。
③ 参看前引《伊朗通史》,第269页。

第六章 《阿维斯塔》神话与琐罗亚斯德教哲理

约产生于公元前 7 世纪末前 6 世纪初的波斯古经《阿维斯塔》，既是琐罗亚斯德教（亦称袄教，或拜火教）的圣书。又是古代伊朗最早的一部神话故事集。保存至今的《阿维斯塔》残卷，为了解琐罗亚斯德教教义和轨度，及其有关的神话传说，为研究古波斯人的文化习俗、宗教信仰和思想道德，提供了一份不可多得的珍贵资料，因而引起世人的关注。本文通过对现存《阿维斯塔》及其巴列维语文献中记载的创世神话（亦即善、恶二元神话），具有三大特殊功能的灵体神话，和象征神主阿胡拉·马兹达福佑的灵光神话的具体论述，简要地分析了以客观唯心主义为基础的琐罗亚斯德教的"善恶二元"宇宙观，以"抑恶扬善"为主旨的神学目的论，和为统治阶级利益服务的"君权神授"说，从而说明了宗教神话与宗教教义和哲理之间相互依存、相辅相成的关系。

波斯古经《阿维斯塔》，约成书于公元前 7—前 6 世纪，是伊朗最古老的一部诗文总集，同时也是琐罗亚斯德教（亦称袄教或拜火教）的圣书。相传古波斯人曾用金字把它抄写在一万两千张牛皮上，珍藏于帝国王宫的宝库内；公元前4世纪希腊—马其顿的亚历山大东征波斯时，将其付之一炬。安息国王巴拉什一世曾下令搜集散失于民间的波斯古经的断简残篇，但未能结集成册；直至萨珊王朝的开国君主阿尔达希尔上台执政（224—241在位），才在广泛搜集资料和认真整理修改的基础上，由琐罗亚斯德教祭司编订出二十一卷本巴列维语（即中波斯语）《阿维斯塔》（亦作《赞德·阿维斯塔》），崇奉为全体国民必读的圣经[1]，全书共三十四万五千七百字。公元7世纪中叶，游牧的、笃信伊斯兰教的阿拉伯人入主伊朗，灭萨珊王朝。从此，琐罗亚斯德教大势已去，日暮途穷，其圣书《阿维斯塔》逐渐被《古兰经》取而代之。但是，作为伊朗传统的宗教信仰，琐罗亚斯德教的影响所及并未因此而成过眼烟云，它的某些重要的思想观点，诸如君权神授、政教合一和隐遁先知降世等，则显而易见地溶化于伊斯兰教（尤其是什叶教派）的教义之中。随着王朝的更迭和岁月流逝，屡遭兵燹之患的巴列维语《阿维斯塔》大部分业已散亡，流传至今尚余十四万字。学者们按内容归类，将波斯古经残卷分为《伽萨》《亚斯纳》《亚什特》《万迪达德》《维斯帕拉德》和《胡尔达·阿维斯塔》六个部分。[2] 在这六个部分中，都或多或少、或详或略地包含有古代伊朗雅利安人的神话传说，从这个意义上说，《阿维斯塔》称得起是一部古波斯的神话故事集。

除了波斯古经里记载的神话传说之外，被视为琐罗亚斯德教典籍的《阿维斯塔》巴列维语文献，如产生于公元9世纪的《班达赫申》（词义为"原始的创造"，亦即《创世纪》）和《丁·卡尔特》（亦即《宗教轨度》）等著述中，也不乏古波斯神话传说的内容。所以，我们所谓的《阿维斯塔》神话，其上限应追溯到印度—伊朗雅利安人在中亚地区阿

---

[1] 琐罗亚斯德教自古以来就是伊朗帝王和臣民普遍信仰的宗教，但它被尊奉为国教，却是萨珊王朝时期（224—651）的事。
[2] 参看拙文《波斯古经〈阿维斯塔〉》，载《外国文学研究》1986年第1期。

姆河和锡尔河流域一带共同生活的历史时期，亦即公元前2世纪中叶以前；其下限当延至入主伊朗的阿拉伯人最初统治的二、三百年，即约在公元9、10世纪之间。在长达数千年之久的时间内，伊朗民族经历了原始社会、由原始社会向奴隶社会过渡，和奴隶社会的历史发展阶段。这当中，伴随着早期民族的大迁徙和频繁的氏族部落战争，伴随着信奉唯一、万能之神阿胡拉·马兹达的琐罗亚斯德教的产生、发展和没落，伴随着激烈的阶级矛盾和民族斗争，势必产生出大量优美动人和富有宗教哲理的神话传说，只可惜未能全部保存下来。值得庆幸的是，《阿维斯塔》及其巴列维语文献，总算为后世保留下一份神话遗产，这对我们研究古波斯宗教和神话说来，确实是"吉光片羽"，弥足珍贵的。

波斯古经《阿维斯塔》及其巴列维语文献中记述的神话故事，大体上可分为两种类型：一是经过琐罗亚斯德教祭司加工、整理和改造过的伊朗雅利安人的原始神话，亦即被赋予了新的宗教观念内容的原始社会的神话，或者简称为宗教化的原始神话，如有关江河女神阿娜希塔、雨神蒂什塔尔、战神巴赫拉姆和光明与誓约之神梅赫尔等的神话；二是琐罗亚斯德教祭司为适应传经布道和阐明宗教哲理的需要而特意编造出来的新神话，这类富于哲理的神话，虽然不能说与伊朗雅利安人的原始神话毫无关系，但却都是琐罗亚斯德教创立之后出现的宗教神话，它们无不带有明显的阶级属性和一神教的特色。下面就通过对善本原阿胡拉·马兹达与恶本原阿赫里曼的神话、灵体神话和灵光神话的具体剖析，来探讨包蕴其中的宗教哲理，以加深我们对古波斯琐罗亚斯德教的认识。

善恶二元神话——神学目的论

在内容庞杂、光怪陆离的《阿维斯塔》神话中,当以讲述善本原阿胡拉·马兹达和恶本原阿赫里曼长期对立、矛盾和斗争的神话故事,内涵最丰富,意义最重要,情节也最引人入胜。因为这则神话故事生动而形象地描述了琐罗亚斯德教独具特色的宇宙观——以善恶二宗的活动来解释世界的本原、形成及其结局,并在此基础上阐明了以"抑恶扬善"为主旨的神学目的论,从而构成了琐罗亚斯德教宗教—哲学体系的核心部分。仔细研读波斯古经《阿维斯塔》及其巴列维语文献,我们就不难发现,反映善恶二元对立、矛盾和斗争的主题,像是一根红线贯串其中。不妨可以说,所有关于琐罗亚斯德教的论著里,无处不闪耀着善恶二元思想的光辉。

在教主琐罗亚斯德看来,未有世界之初就存在着善与恶两大本原。善本原是真诚、善良、纯洁、智慧和创造的体现,是光明和生命的源泉;恶本原则是虚伪、邪恶、污秽、愚昧和破坏的代表,是黑暗和死亡的根源。这位伊朗的第一位先知在《伽萨》①第一篇中庄严地宣布:

思想和言行皆有善恶之分,
只因原始之初两大本原并存,

---

① 素有"琐罗亚斯德之歌"之称的《伽萨》,是波斯古经中语言最古老,编订也最早的部分,共计五篇颂诗,十七章二百三十八节,参看拙文:《琐罗亚斯德如是说——〈阿维斯塔·伽萨〉颂诗浅析》,载《外国文学研究集刊》第10辑。

真诚者求善，从恶乃虚伪之人。

（30：3）①

生命宝殿善端起，死亡魔窟恶端立，
来日善者在天国分享阿胡拉的恩惠，
恶者将跌落阿赫里曼阴暗的地狱受罪。

（30：4）

善端的主宰是阿胡拉·马兹达（词义为至高无上的智慧之神），又称斯潘德·迈纽（词义为神圣的智慧）；恶端的元凶是阿赫里曼（词义为居心险恶者），又称安格拉·迈纽（词义为邪恶的教唆者）。在相互对立的善与恶、光明与黑暗两大本原之间，充满了尖锐激烈的矛盾和斗争。高大魁梧的斯潘德·迈纽"以辽阔无垠的天空做锦衣，信奉善良和真诚；心怀鬼胎的阿赫里曼，专事虚伪和罪行"（30：5）。善与恶、光明与黑暗两大本原"思想有别，语言不同，灵魂信仰各异，实难相容"（45：2）。正是这种善恶之间势不两立的矛盾、斗争的存在和发展，促成了世界万物的产生、不断变化和有规律的运动。我们在波斯古经残卷各部分中读到的天神地祇和妖魔鬼怪，为民除害的英雄豪杰和残害生灵的暴君奸宄，笃信正教的善男信女和唯恶魔阿赫里曼马首是瞻的叛逆之徒，乃至大自然给人类带来的恩典和灾殃等，无不是善恶二宗对立、矛盾和斗争的具体表现。因此可以说，光明与黑暗两大势力的矛盾和斗争是无时不在，无所不在的。以上便是教主琐罗亚斯德在《伽萨》中提出的著名的善恶二元宇宙观的基本内容。

不言而喻，琐罗亚斯德善恶二元论的形成，归根结底取决于他所生

---

① 本文引诗均据贾利尔·杜斯特哈赫：《〈阿维斯塔〉——琐罗亚斯德教的圣书》，德黑兰，1976年版译出，括号内数字依次表示章和节。

活的时代。约从公元前7世纪起到公元前6世纪中叶阿契美尼德王朝建立止，伊朗民族步入了一个崭新的历史阶段，即开始由原始社会向奴隶社会过渡的宗教时代。在这个由一种社会形态跃入另一种社会形态的大变动时期，必然充满了各种复杂而尖锐的社会矛盾和斗争。具体到伊朗来看，各种社会矛盾和斗争集中表现在两大宗教派别的尖锐对立和冲突上。其中的一派名叫"迪弗·亚斯尼"，顽固坚持雅利安人传统的自然崇拜和多神信仰，竭力维护自然放牧和宰牲献祭等陈规陋习；另一派叫作"马兹达·亚斯尼"，坚决主张与雅利安人以往的宗教信仰实行彻底决裂，号召人们改奉唯一、万能之神阿胡拉·马兹达，提倡和鼓励人们从事农耕和定居的养畜业。这两大教派针锋相对，势不两立，各自都把对方崇祀的神明，斥之为万恶不赦的魔鬼。在琐罗亚斯德的正确领导下，"马兹达·亚斯尼"教派由弱小到强大，最终发展成为古代伊朗和中亚地区的第一大宗教。作为宗教时代产物的《伽萨》，是教主琐罗亚斯德以诗体的形式，对上述宗教斗争所做的真实记录，同时也是他对以往传统的宗教信仰进行批判、改造，并从理论上加以总结和创新的结果。这便是琐罗亚斯德善恶二元宇宙观产生的社会基础和历史背景。

　　作为琐罗亚斯德教宗教—哲学体系核心部分的善恶二元神学目的论，不言而喻，是奴隶社会掌握文化大权的祭司们根据教主琐罗亚斯德的善恶二元宇宙观，精心加工制作出来的精神产品；而旨在反映这种神学目的论的善恶二元神话，则是为适应宣传宗教教义的需要，由祭司们特意编造出来的。换言之，即善恶二元神话乃是阶级社会产生的富于哲理的宗教神话，它虽然与原始社会伊朗雅利安人的自然崇拜和多神信仰不无关系，但却并不具备原始思维的特征，因而与原始社会神话有着本质的区别，两者是不能加以混淆的。

灵体神话——客观唯心主义

在前引巴列维语宗教文献《班达赫申》记载的善恶二元神话里,就有关于灵体的描述。其中提到,当善本原阿胡拉·马兹达完成开天辟地的创举,做好迎战恶魔阿赫里曼的准备之后,整个光明世界一片光辉灿烂,见不到任何黑暗的角落,也没有白昼和黑夜之分。自然万物如同其在天国的原型那样,各就其位,静止不动,沐浴在安谧的氛围之中。这时唯独人类的众灵体在天国表现得异常活跃。善本原马兹达意味深长地向他们发问道:"如今我已完成世界的创造,并做好迎战阿赫里曼的一切准备。你们又将做何打算呢?是遵从我的意愿,下凡尘世,投入将与阿赫里曼展开的长期斗争,以击败形形色色的妖魔鬼怪,彻底清除世上的暴虐、贪婪和虚伪,然后尽情享受幸福和美满的生活呢,还是想逃避这场与恶魔进行的殊死战斗?"人类的众灵体一致表示,决不辜负善本原和光明之主马兹达的殷切期望,誓与罪恶的元凶阿赫里曼血战到底,因为他们知道,只有通过与妖魔鬼怪的坚决斗争,人类才能灵魂得救,获得永生。①

现存波斯古经残卷中的《法尔瓦尔丁·亚什特》②,通篇是对"善良、强大而纯洁的灵体"的反复颂扬。其中记述的灵体神话,突出地表现了善者众灵体所具有的非凡神力和特殊功能,以及作为善本原阿胡拉·马兹达助神的众灵体在为实现"抑恶扬善"终极目的过程中所发挥

---

① 参看《古波斯神话与传说》,第22—23页。
② 第十三篇《亚什特》,共三十一章一百五十八节。前二十二章主要是对众灵体所表现出的非凡神力和特殊功能的赞颂;后十九章通过对善者灵体的讴歌,颂扬了神主阿胡拉·马兹达及其六大助神、众神祇和先知琐罗亚斯德,以及传说中的伊朗诸帝王、英雄和贤哲。

的重要作用。归纳起来看,善者的众灵体有三大特殊功能。第一,协助神主阿胡拉·马兹达推动自然万物发生变化和有规律的运动。正如颂诗中所说,"得助于闪耀着灵光的众灵体",神主马兹达"才能架天于高空,使之放射出光芒,形成笼罩大地的苍穹"(1:2)。"得助于闪耀着灵光的众灵体",日月星辰"才能沿着既定的轨道运行。"(1:16)。第十八章第六十节还强调指出,"有九万九千九百九十九个灵体充当北斗七星的守卫。"此外,善者的众灵体还遵从神主的旨意,推动长江大河"马兹达开辟的道路,流向众灵体选中的地方,流向预定为水源充足的国土。"(14:54)善者的众灵体还协助神主保护广阔的大地,和地面上一切美好的东西。他们为牲畜和有益的动物提供安全的栖身之所;他们使青草茂盛,鲜花怒放,令各类植物"在马兹达创造的大地上,在众灵体选中的地方,按预定日期破土而出,茁壮成长"(15:56)。如果说善本原阿胡拉·马兹达是天空、江河、大地、植物和动物的缔造者,那么善者的众灵体就是世界万物发生变化和有规律运动的具体推动者,他们发挥的作用是不容忽视的。第二,对人类(尤其是行善积德的正教徒)说来,灵体是保安全、主寿夭的司命之神。

人在母体中的发育成长,有赖于灵体的神佑。倘若失去灵体的庇佑,也就不会有人类的繁殖,善本原马兹达创造的人类不能繁衍增殖,岂不意味着恶本原阿赫里曼的得逞?那还有什么"抑恶扬善",拯救人类可言?按照琐罗亚斯德教的说法,任何东西都有灵体,连善本原阿胡拉·马兹达也不例外。但是,作为"人所具有的五种潜在力"[①]之一的灵体,却是奉神主马兹达之命,下凡尘世保护人类的。具体到每个人来说,只有当他的灵体从天国下凡之后,他才能应运而生,成其为人。若是缺少这种潜在力量,没有灵体的下凡,世上也就不存在相应的这个人。因为每个人从母腹中的胎儿始,直至生命的最后一息,时刻也离不

---

① 指活力、良知、悟性、灵魂和灵体。

开其灵体的关照和庇护。《法尔瓦尔丁·亚什特》云："在正教徒强大的众灵体与梅赫尔、拉申、达莫伊什·乌帕马纳和所向披靡的风神一起关注的地方，[敌人的] 各家族、部落必然迅速被歼灭，数以十计、百计、千计、万计和数十万计。"(12：48) 诗人还热情地颂扬"信士们善良、强大而纯洁的灵体，是最矫健的骑手，最敏捷的先锋，最坚强的后盾，最锐利的武器"(3：26)。第二十二章当谈到取悦于众灵体的正教徒向敌人发动进攻时，写道："无论是出鞘的利剑，还是投出的狼牙棒；无论是发射的翎箭，还是掷出的石块和标枪，都不能使之受伤。"显然，这是在强调笃信正教的行善者将得到灵体神的特别庇佑。也正因为如此，行善者在刀光剑影的战场上才能立于不败之地。我们在中国古籍中读到"五臣云：'司命，星名，主知生死，辅天行化，诛恶护善也。'"（洪兴祖补注）又《庄子·至乐》篇云："使司命复生子形，为子骨肉肌肤。"请看中国古代执掌寿夭之事的司命，与《阿维斯塔》神话中描述的灵体何其相似乃尔！"主知生死，辅天行化，诛恶护善"，灵体正是这样的神明。

灵体的第三大特殊功能，表现在他们为实现"抑恶扬善"的终极目的所做出的突出贡献上。《法尔瓦尔丁·亚什特》第十九章第六十一节提到"有九万九千九百九十九个灵体，守护着手执狼牙棒、长发辫的英雄加尔沙斯布的躯体。"据巴列维语宗教文献《班达赫申》记载，伊朗英雄加尔沙斯布因冒犯神主的尊严，受到阿胡拉·马兹达的惩罚，在佩尚塞原野被突朗人尼哈克用箭射倒在地，昏迷不醒，进入神奇的梦境。直至教主琐罗亚斯德升天两千年后，被囚禁的巨妖阿日达哈克挣脱锁链，逃出达马万德山，大肆残害人畜之时，神主马兹达才让英雄加尔沙斯布从长眠中醒来，为民除害，杀死作恶多端的阿日达哈克。诗中说有近十万名灵体守护着长眠不醒的加尔沙斯布的躯体，就是为了来日让他听从神主的召唤，在善与恶的殊死斗争中斩妖除害，戴罪立功。在琐罗亚斯德教教徒眼中，加尔沙斯布乃是永生不死的伟大英雄，世界末日到来之际，他将协助最后一位隐遁先知苏什扬特，彻底战胜世间的邪恶势力，清除一切罪恶和污垢，还光明世界以本来的面貌。

正因为众灵体不但在创世之初表现得异常活跃，迫不及待地要下入尘世投入与恶本原阿赫里曼的斗争中去；而且在善与恶两大本原的长达数千年之久的斗争中，始终积极协助善本原马兹达推动自然万物发生变化和有规律的运动，并竭力庇佑为"抑恶扬善"而战的正教徒，从而为实现神主的终极目的做出了宝贵的贡献，所以他们才享有崇高的地位，深得琐罗亚斯德教教徒的敬仰。祭司们用专门一篇《亚什特》来颂扬灵体的非凡神力和特殊功能，其原因大概也在于此。

灵光神话——君权神授

波斯古经《阿维斯塔》中记载的灵光神话，在琐罗亚斯德教神话体系中占有重要的地位。具有宗教神秘意义的灵光观念，在伊朗民族发展史上曾产生过深远的影响。这是因为神圣的灵光象征着神主阿胡拉·马兹达的恩赐和福佑；而对帝王说来，这种恩赐和福佑又集中表现为神授王权。下面我们就通过剖析歌颂灵光的《扎姆亚德·亚什特》[①]颂神诗，来看看灵光神话是怎样宣扬君权神授思想的。

首先应该指出，《扎姆亚德·亚什特》记述的灵光神话，大体上可分为争夺灵光的神话和灵光属有者的神话两大类，前者又包括圣火之神阿扎尔和巨妖阿日达哈克争夺灵光的神话，以及突朗的彪形大汉阿弗拉西亚布三次下水追逐灵光而未遂的神话，这两则神话主要反映了善与恶两大势力之间的争斗，和古代伊朗雅利安人为本部族祈求神主

---

① 第十九篇《亚什特》，共十五章九十六节。按理说，这篇《亚什特》本来应该是歌颂土地神扎姆亚德的，然而统观全篇，除前面八节序诗外，几乎全是对灵光的颂扬，这种"文不对题"的现象，恰好说明灵光神话是后世琐罗亚斯德教祭司增补的。

福佑的祥瑞观念,因与本文关系不大,恕不赘言。这里我们只着重分析与君权神授说有关的灵光属有者的神话。

《扎姆亚德·亚什特》每章开头均重复出现这样一首诗:

> 我们赞美神主创造的凯扬灵光,
> 那非凡的、为人称羡的灵光,
> 那圣洁、万能而敏捷的灵光,
> 它凌驾于一切被造物之上。
>
> (1:9)

诗中提到的"凯扬灵光",词义为"王者之灵光"。从整篇颂诗来看,这象征神主恩赐和福佑的"王者之灵光",主要属于传说中伊朗雅利安人的帝王、英雄和先知。在第四、五、六章中,颂诗作者依次举出"卑什达德的胡尚格""披坚执锐的塔赫穆雷斯""拥有良畜的贾姆希德""阿特宾之子法里东"和"英勇无畏的加尔沙斯布"等古代伊朗雅利安人部落的首领和英雄,是"凯扬灵光"的属有者。诗中一唱三叹,反复歌颂胡尚格等人是"地面上七个国家的长期统治者"热情赞扬他们"制服了庶民百姓和妖魔鬼怪,还有那蛮横的卡维和卡拉潘部落①"。这无疑是在暗示人们:得"凯扬灵光"者皆为世间独步天下的统治者。正是在"凯扬灵光"的神助下,上述首领和英雄才有非凡神奇的壮举,才为本部族的兴旺发达立下不朽的功勋。如胡尚格"消灭了三分之二的马赞德朗众妖魔,以及瓦雷纳的谎言崇拜者"(4:26)。塔赫穆雷斯"击败为非作歹的众妖魔,并将阿赫里曼变成一匹马,从世界的一边到另一边,纵横驰骋为期三十年"(5:29)。"贾姆希德从妖魔鬼怪那里,夺得

---

① 顽固坚持传统的自然崇拜和多神信仰,极力反对信奉唯一、万能之神阿胡拉·马兹达的部落。

牲畜、财富、欢乐和荣耀。在贾姆希德统治世界期间，食物不见腐败，人畜不见衰老，江河从不干涸，草木从不枯槁"（6：32）。"法里东击败了阿日达哈克——生着三张嘴巴、三个脑袋和六只眼睛，且有上千种形体变化的妖魔。那妖魔极其虚伪，力大无穷，是阿赫里曼为损害尘世和扼杀真诚，而特意制造出来的罪恶的元凶"（6：37）。"加尔沙斯布力斩头上生角的巨龙——那遍体流脓的怪物，有上千个肚子、鼻子和脖子。它喷出的黄色毒液高过梭镖，吞噬的人和牲畜无以计数！中午时分，加尔沙斯布，在巨龙背上架锅做饭。那怪物被烟熏火燎得浑身冒汗，但见它猛然跃起，把铁锅掀倒，热汤四溅，英雄闪身躲到一边"（6：40）。这些生动的例子告诉我们，从胡尚格至加尔沙斯布，伊朗雅利安人部族的主要敌人几乎全是形形色色的妖魔鬼怪，他们唯阿赫里曼的马首是瞻，充当恶本原的走卒和帮凶，专与善本原阿胡拉·马兹达和众神祇为敌作对。传说中伊朗雅利安人诸帝王和英雄不畏强暴，敢于同妖魔鬼怪展开斗争，战而胜之，为实现"抑恶扬善"的终极目的做出了宝贵的贡献，所以他们才能赢得神主马兹达的赞赏，荣获象征神授王权的"凯扬灵光"，成为名扬天下的世间统治者。

同篇《亚什特》第十和十一两章提到，神圣的"凯扬灵光"属于凯·古巴德、凯·卡乌斯和凯·霍斯鲁等传说中伊朗诸帝王。因为他们的名字前面均冠以"凯"（词义为"首领""大王"）的尊号，故后世学者称其为"凯扬王朝"诸王，而把前述胡尚格等人称之为"卑什达德王朝"诸王。于是乎，史前时期的伊朗就有传说中的两大王朝之说。伊斯兰时期伊朗伟大诗人菲尔多西在创作史诗《王书》时仍沿袭这种说法，致使此说已成不易之论。

对于凯扬王朝诸王在灵光的神佑下，为本部族兴旺发达而建立的丰功伟绩，颂诗中没有过多地涉及，只是笼统地说："凯扬诸帝王个个勇武敏捷，无不具有虔诚而高尚的美德，全都是大无畏的英雄和豪杰。"

（10：72）当述及著名国君凯·霍斯鲁击退来犯之敌时，诗人唱道："他抓获邪恶的阿弗拉西亚布，及其奸诈的兄弟加尔西瓦兹，为被杀害的父亲西亚乌什，和骁勇的阿格里拉斯报仇雪耻！"（11：77）这里提到的阿弗拉西亚布，即前文所说的那个三次下水追逐灵光而未遂的突朗彪形大汉，《王书》中把他描写成凯扬王朝诸帝王不共戴天的仇敌。显然，这时伊朗雅利安人部族的主要敌人已从卑什达德王朝时期的妖魔鬼怪，变成了与伊朗兵戈相见的异族统治者。如果说形形色色的妖魔鬼怪象征着氏族公社时期的自然暴力和社会暴力（如桀骜不驯的土著部落），那么阿弗拉西亚布不就是原始社会末期同伊朗部族发生频繁战争的异族首领的代表吗？在琐罗亚斯德教教徒看来，非伊朗雅利安人部族无不是恶魔阿赫里曼的崇拜者和邪恶的异教徒，与他们的对立和冲突，乃是善恶二元矛盾、斗争的具体表现。在伊朗同异族之间发生的战争中，善本原阿胡拉·马兹达无疑将站在伊朗雅利安人一边，所以他才把象征神赐王权的"凯扬灵光"授予伊朗部族的首领，使之成为无往而不胜的君王。

最后应该说明，生活在宗教时代的伊朗第一位先知琐罗亚斯德和凯·古什塔斯布国王也是神圣的"凯扬灵光"的属有者。《扎姆亚德·亚什特》第十二和十三两章由衷地赞扬他们"按照正教的信条思想，按照正教的信条讲话，按照正教的信条行动"。这也就是说，他们是"善思、善言和善行"三项原则的忠实履行者。颂诗高度地称赞了琐罗亚斯德："统治者中他最贤能，威严者中他最神圣，他的灵光最辉煌，胜利者中他最英明。"（12：79）颂诗对凯·古什塔斯布国王倍加赞许："他以狼牙棒为真诚寻求自由解放，他以狼牙棒为善良开辟光明大道，他大力赞助和扶植琐罗亚斯德教。"（13：85）当时在伊朗展开的"马兹达·亚斯尼"（马兹达崇拜者）和"迪弗·亚斯尼"（魔鬼崇拜者）两大宗教派别的殊死斗争中，"敌视正教的塔斯里亚万特，拜倒在众妖魔脚下的帕尚，还有那伪信者阿尔贾斯布,和邪恶的不敬神的希翁部落,全都败于英勇的凯·古什塔斯布"(13:87)。不言而喻,这时期摆在伊朗雅利安人面前的首要任务,是彻底战胜顽固坚持传统的自然崇拜和多神信仰的邪教徒,进而牢固地确立信奉唯一、万能之神阿胡拉·马兹达的正教的统治地位。凯·古什塔斯布国王竭力赞助使者琐罗亚斯德传经布道,终于使正教得以扎下根来,并发展成为当时伊朗和中亚一带最强大的宗教。他们在事业上取得的成功,完全符合神意的安排,自然离不开象征神赐王权的"凯扬灵光"的庇佑。

综上所述,我们可以看出,凡是象征神主恩赐和福佑的"凯扬灵光"与之结为一体的伊朗帝王,无不是斩妖除恶、为民立功的英雄豪杰。他们之所以能功成名就,流芳千古,全在于"凯扬灵光"的神佑。得"凯扬灵光"者得王权,得神赐王权者无往而不胜,这就是琐罗亚斯德教灵光神话向人们宣示的"永恒真理"。现有不少史料可以证明,在阿拉伯人尚未入主伊朗的前伊斯兰时期,波斯古经《阿维斯塔》中百般颂扬的灵光,愈来愈成为历代帝王赖以实行统治的精神支柱,他们通过各种宣传渠道,力图在臣民百姓心目中树立起一个神圣的偶像,要人们像奉祀神主阿胡拉·马兹达那样,对灵光顶礼膜拜,馨香祷祝。其实,那被神化了的灵光不是别的,正是奉行神道设教的世俗朝廷的君主及其先王的化身。将涂在灵光神话表层的宗教神秘色彩除掉,剩下的就只有统治阶级君权神授之类的反动说教了。

第七章　灵光神话与君权神授

——读《扎姆亚德·亚什特》颂神诗

波斯古经《阿维斯塔》中包含原始神话和帝王、英雄传说最多的是《亚什特》，因而它也最富有文学价值。从篇幅大小和语言风格看，二十一篇《亚什特》可分为长、短两类；从颂诗讴歌的神灵形象看，它们大体也有两种类型。一类《亚什特》颂扬的神灵形象生动而具体，如第五篇《阿邦·亚什特》描绘的江河女神阿娜希塔，是一位雍容华贵的氏族部落酋长和英姿飒爽的巾帼英雄的形象；第八篇《蒂尔·亚什特》中的雨神蒂什塔尔，其形象为"戴着镶金辔头的金耳朵的白骏马"；第十篇《梅赫尔·亚什特》中的光明与誓约之神梅赫尔，其形象为威风凛凛、所向披靡的部落联盟的军事统帅；第十四篇《巴赫拉姆·亚什特》描写战神巴赫拉姆先后十次变形，下凡尘世，其中"第四次化作撒欢儿的烈性骆驼"，"第五次化作尖齿利爪的公野猪"，"第七次化作矫健的雄鹰"。这类颂神诗文学意味浓郁，读来给人以美的享受。[①] 另一类《亚什特》赞美的神灵则比较抽象和概念化，显得虚幻而玄妙，但却不乏象

---

① 参看拙文《试论〈阿维斯塔·亚什特〉颂神诗》，《外国文学集刊》第11辑。

征性的意义。如第十三篇《法尔瓦尔丁·亚什特》中的灵体神，根据颂诗的描述，只能把它想象为类似天使的精灵；第十九篇《扎姆亚德·亚什特》歌颂的灵光神，想必与发光体有关，但其具体形象，作者并未明白说出。这类颂神诗词义隽永，富于哲理，读来发人深思。仔细地品尝后一类《亚什特》，我们不难发现，它们所阐发的道理是以"善恶二元论"为主体，以"抑恶扬善"为宗旨的琐罗亚斯德学说不可分割的组成部分，因而引起我们的高度重视。探讨和分析这类颇具理论价值的颂神诗，挖掘出其中蕴蓄的深刻的内涵，乃是此文的出发点。

《扎姆亚德·亚什特》每章开头均重复出现这样一首诗：

> 我们赞美神主创造的凯扬灵光，
> 那非凡的、为人称羡的灵光，
> 那圣洁、万能而敏捷的灵光，
> 它凌驾于一切被造物之上。
>
> （1：9）

诗中吟诵的"凯扬灵光"是个复合词，亦可简称之为"灵光"。在《阿维斯塔》里，"灵光"被称作"赫瓦雷诺"（Khvarenō），亦即中波斯语（巴列维语）的"霍拉赫"（Khorrah），新波斯语（达里波斯语，简称波斯语）的"法拉赫"（Farrah）或"法尔"（Farr），后者是由古波斯语词"法尔纳"（Farna）演变来的。"灵光"这个词本来含有"光芒""威严"和"壮观"等意思，但在《亚什特》各篇中，灵光却被尊奉为"凌驾于一切被造物之上"的神明，它象征着唯一、万能的神主阿胡拉·马兹达的恩赐和庇佑。令人注目的是，《扎姆亚德·亚什特》原本应该赞颂地神扎姆亚德；然而，纵观全篇，除首章前面八节序诗提及若干高山峻岭的名字外，几乎处处洋溢着对神圣的灵光的热情颂扬。这种"文不对题"

的现象,恰好是琐罗亚斯德教祭司插手和篡改诗作的明证。约形成于公元前7世纪末前6世纪初的《伽萨》,被公认为是"阿维斯塔"最古老的部分,那里面既没有明确地提到灵光,也丝毫不曾涉及神秘的灵光观念。据此,似可得出灵光神话比较后出的论断。再从灵光观念的抽象特质来看,恐怕它也只能产生于信奉唯一之神阿胡拉·马兹达的宗教时代,亦即伊朗雅利安人开始由原始社会向奴隶制社会过渡的历史阶段。这就决定了灵光神话的根本属性。换言之,即它并不具备萌发于人类原始时期的上古神话的思维特征,而是后世操纵文化大权的祭司构想出来的精神产品,因而势必被打上鲜明的奴隶主阶级思想意识的烙印。

《扎姆亚德·亚什特》所讴歌和赞美的并非一般意义上的灵光,而是具有特殊地位的"凯扬灵光"。"凯扬"(Kaiyan),是巴列维语词"凯"(Kai, Kay, 或 Kē)的复数形式。"凯"字相当于阿维斯塔语中的"卡维"(Kavi),词义为"首领""统治者"。"卡维"在《亚什特》各篇中常与"灵光"一词搭配使用,组成"卡瓦埃内姆·赫瓦雷诺"(Kavaēnem-Khvarenō),词义为"王者之灵光",亦即"凯扬灵光"。应该指出,《伽萨》颂诗里经常提到的"卡维",一般是指与教主琐罗亚斯德为敌的伊朗东部诸部落酋长,或部落联盟的军事首长;但也有例外,那便是大力赞助正教的巴尔赫君主古什塔斯布。至于后来菲尔多西在史诗《王书》中使用的"凯",则有时泛指帝王,有时专指传说中以古巴德为开国皇帝的伊朗凯扬王朝诸国君。总之,"凯扬"肯定是世间为王者的代名词,那么所谓的"凯扬灵光"呢?无疑就是世间人君所享有的天上神主的恩赐和庇佑。而对宫廷帝王说来,上天的最大福佑自然莫过于神授王权了。于是,"凯扬灵光"便可想象成为神赐王权的象征,或者说是世间人君的庇护神。这样一来,《扎姆亚德·亚什特》记述的灵光神话就和君权神授发生了密切的关系。本文的写作正是为了具体地阐明灵光神话是怎样反映君权神授论的,以及前伊斯兰时期伊朗的统治者是怎样通过对"凯扬灵光"的崇拜和奉祀把自己与维一之神阿胡拉·马兹达牢牢地拴在一起,以凭借神主至高无上的绝对权威,来为世俗的帝制王权制造天然合理的理论根据的。

一

如前所述,《扎姆亚德·亚什特》讴歌和赞美的主要对象是"凯扬灵光",亦即"王者之灵光"。人们不禁会问:这里的"王者",究竟是指哪些人呢?若按古代伊朗人看问题的方式,似乎天神地祇也应算是"王者";否则,作者就不会把神主阿胡拉·马兹达及其六大助神和众善神部归入"凯扬灵光"属有者的行列。从某种意义上来说,这样做也不无道理。谁又能否认他们是天国和尘世的统治者呢?但从《扎姆亚德·亚什特》第四、五、六、十、十一、十二和十三等章记述的内容来看,所谓"王者"主要还是指传说中伊朗雅利安人的帝王、英雄和先知,也就是伊朗部族发展史上功绩卓著的杰出人物。至于非伊朗雅利安人部族及其首领,因为他不信从唯一之神阿胡拉·马兹达,所以也就得不到神主的恩赐和庇佑,象征神赐王权的"凯场灵光"与他们自然是风马牛不相及。这只要读一下上述《亚什特》第八章描述的突朗的彪形大汉阿弗拉西亚布三次下水追逐灵光而未遂的神话故事,即可一目了然。对此,我们姑置勿论。这里仅就颂诗中反映出的"凯扬灵光"与伊朗部族首领之向的关系加以分析和评述,从而说明琐罗亚斯德教祭司借用民间传说,编造灵光神话,目的在于宣扬君权神授思想。

《扎姆亚德·亚什特》第四、五、六这三章依次举出"卑什达德的胡尚格""披坚执锐的塔赫穆雷斯""拥有良畜的贾姆希德""领有辽阔原野的梅赫尔""阿特宾之子法里东"和"英勇无畏的加尔沙斯布"等传说中伊朗雅利安人的帝王和英雄（光明之神梅赫尔例外，他是图腾祖先神兼保护神），强调指出他们全是"凯扬灵光"的属有者。诗中一唱三叹，反复歌颂胡尚格、塔赫穆雷斯和贾姆希德，是"地面上七个国家的长期统治者"，热情地赞扬他们"制服了庶民百姓和妖魔鬼怪，还有那蛮横的卡维和卡拉潘部落。"从这两句值得玩味的诗中，我们不难得出如下的结论：胡尚格等人之所以能如愿以偿，成为地面上七个国家的统治，归根结底，是因为他们享有"那非凡的、为人称羡的灵光"，得到了体现神主马兹达意志和威严的"凯扬灵光"的庇佑。一言以蔽之，即"得凯扬灵光者得王权。"这大概是颂诗作者没有明言，而让读者去细心体会的一条"要义"吧。

我们看到，在"凯扬灵光"的神助下，上述帝王和英雄均有非凡、神奇的表现，都为伊朗部族的兴旺发达立下了不朽功勋。如，胡尚格"消灭了三分之二的马赞德朗众妖魔，以及瓦雷纳的谎言崇拜者"（4：26）。塔赫穆雷斯"击败为非作歹的众妖魔，并将阿赫里曼变成一匹马，从世界的一边到另一边，纵横驰骋，为期三十年"（5：29）。"贾姆希德从妖魔鬼怪那里，夺得牲畜、财富、欢乐和荣耀。在贾姆希德统治世界期间，食物不见腐败，人畜不见衰老，江河从不干涸，草木从不枯槁"（6：32）。"法里东击败了阿日达哈克——生着三张嘴巴、三个脑袋和六只眼睛，且有上千种形体变化的妖魔。那妖魔及其虚伪，力大无穷，是阿赫里曼为损害尘世和扼杀真诚，而特意制造出来的罪恶的元凶"（6：37）。"加尔沙斯布力斩头上生角的巨龙——那遍体流脓的怪物，有上千个肚子、鼻子和脖子。它喷出的蓝色毒液高过梭镖；吞噬的人和牲畜无以计数！中午时分，加尔沙斯布，在巨龙背上架锅做饭。那怪物被烟熏火燎得浑身冒汗，但见它猛然跃起，把铁锅掀倒；热汤四溅，英雄闪身躲到一边"（6：40）。这些生动的传说事例告诉我们：从胡尚格查加尔沙斯布，伊朗雅利安人部族的主要敌人几乎全是形形色色的妖魔鬼怪。

在琐罗亚斯德教祭司看来,妖魔鬼怪唯恶本原",成为世间的统治者,这是完全符合神主马兹达的意愿的。

《扎姆亚德·亚什特》第十和十一两章所歌颂的伊朗诸帝主,和上述胡尚格等帝王、英雄迥然不同,他们的名字前面均冠以"凯"的尊称。因此,后世学者称其为"凯扬王朝"诸王。为了加以区别,胡尚格等人便被称作"卑什达德王朝"诸君。这样,史前时期的伊朗就有传说中的两大王朝之说。伊斯兰时期伊朗爱国诗人菲尔多西创作《王书》时,依旧沿袭这种说法,致使此说已成不易之论。

对于凯扬王朝诸王的业绩。颂诗中没有过多地涉及,只是笼统地说:"凯扬诸帝王个个勇武敏捷,无不具有虔诚而高尚的美德,全都是大无畏的英雄和豪杰。"(10:72)当颂扬著名国君凯·霍斯鲁击退来犯之敌时,作者写道:"他抓获邪恶的阿弗拉西亚布,及其奸诈的兄弟加尔西瓦兹,为被杀害的父亲西亚乌什和骁勇的阿格里拉斯①报仇雪恨!"(11:77)这里提到的阿弗拉西亚布,即前文所说的那个三次下水追逐灵光而未遂的突朗彪形大汉,在《王书》里他是凯扬王朝最凶恶的敌人。由此可见,伊朗部族的主要敌人这时已由卑什达德王朝时期的妖魔鬼怪,变成了专与伊朗为敌的异族统治者。如果说形形色色的妖魔鬼怪象征着氏族公社时期的自然暴力和社会暴力(如剽悍的土著部落),那么阿弗拉西亚布岂不就是原始社会末期与伊朗部族发生频繁战争的异族首领的代表吗?在琐罗亚斯德教祭司眼中,非伊朗人部族无不是魔王阿赫里曼的崇拜者和邪恶的异教徒,与他们的对立和冲突乃是善恶二元矛盾、斗争的具体表现。在伊朗部族同异族之间发生的战争中,善本原阿胡拉·马兹达无疑是站在伊朗雅利安人这一边的,所以他要把象征神赐王权的"凯扬灵光"授予伊朗部族的统治者;使之成为所向披靡、无往而不胜的君王。

---

① 民间传说中阿弗拉西亚布的兄弟,他对伊朗军队持同情态度,因而惨遭杀害。

《扎姆亚德·亚什特》第十二和十三两章；写"凯扬灵光"属于伊朗的第一位先知琐罗亚斯德和凯·古什塔斯布国王。作者由衷地赞扬他们"按照正教的信条思想，按照正教的信条讲话，按照正教的信条行动"（12：79，13：84）。称赞琐氏道："统治中他最贤能，威严者中他最神圣，他的灵光最辉煌，胜利者他最英明。"（12：79）对伊朗宗教时代大名鼎鼎的国君凯·古什塔斯布倍加赞许："他以狼牙棒为真诚寻求自由解放，他以狼牙棒为善良开辟光明大道，他大力赞助和扶植琐罗亚斯德教。"（13：85）在当时伊朗两大宗教派别的殊死斗争中，"敌视正教的塔斯里亚万特、拜倒在众妖魔脚下的帕尚、还有那伪信者阿尔贾斯布和邪恶的不敬神的希翁部落，无不败于英勇的凯·古什塔斯布"（13：87）。不言而喻，这时期摆在伊朗雅利安人面前的首要任务是，战胜顽固坚持传统的自然崇拜和多神信仰的邪教徒。凯·古什塔斯布国王顺应时代的要求，竭力支持神主马兹达的使者琐罗亚斯德传经布道，终于使正教得以扎下根来，并发展成为当时伊朗和中亚一带最强大的宗教。他们在事业上的成功完全符合神意的安排，自然离不开象征神赐王权的"凯扬灵光"的庇佑。

二

虔诚敬神、抑恶扬善的伊朗帝王得到的报偿是"享有神圣的'凯扬灵光'"，成为世间的有道明君；反之，如若他亵渎神明，背离正途，则将失去"凯扬灵光"的庇佑，落得前功尽弃、身败名裂的可悲下场。请看《扎姆亚德·亚什特》第六章第三十三和三十四这两节诗：

在贾姆希德统治世界期间，

既没有酷暑，也没有严寒，

既没有死亡，也没有妖魔制造的忌妒
——这情景是在他口出谎言之前。
一旦贾姆希德口出谎言，
灵光即随化作雄鹰[①]腾空而去。
拥有良畜的贾姆希德呀！
此时此刻心中懊悔之极，
面对猖獗的妖魔，他一筹莫展，
只得潜藏地下，销声匿迹。

贾姆希德口出谎言前后简直判若两人；此前他是一位治国有方、政绩卓著的贤君，此后却面对凶残的妖魔束手无策，一筹莫展。如此明显的变化怎不发人深思！究其原因，无非是他对神主马兹达不敬，说了谎话，这才导致象征神赐王权的"凯扬灵光"化作雄鹰展翅飞去。失去灵光庇佑的贾姆希德，自知抵不过妖魔鬼怪的猖狂进攻，百般无奈，只得潜藏地下，屈尊为阴曹地府的阎罗王[②]。这不禁令人想起《阿维斯塔·万迪达德》[③]第二章中有关神主马兹达选派贾姆希德担任尘世统治者的神话故事，其大意如下：

琐罗亚斯德问阿胡拉·马兹达，在他之前曾与何人交谈，曾向何人传授正教。神主告诉琐罗亚斯德说，世上与之交谈的第一个人，是拥有良畜的美男子贾姆希德，并向他传授了正教。起初神主要贾姆希德肩负起学会和掌管正教的重担，他遗憾地表示尚未做好这方面的精神准

---

① 阿维斯塔语词"瓦雷格纳"（Vareghna），一般的看法是指雄鹰，但也有的学者认为是指乌鸦。
② 贾姆希德在阿维斯塔语中称伊摩，亦即印度《吠陀》神话里的阎摩，后经佛教传入中国，便是尽人皆知的阎罗王。
③ 《万迪达德》是现存《阿维斯塔》的一部分，共二十二章，其中含有比较古老的神话传说。参看拙文《波斯古经〈阿维斯塔〉》，载《外国文学研究》，1986年第1期。

备，接着，神主又要贾姆希德担当起开发和建设世界的重任，成为庶民百姓的庇护者，他欣然表示同意。于是，神主马兹达赐给贾姆希德一枚金戒指和一根镀金的手杖。使他具有非凡的神力。贾姆希德统治世界为期九百年。每过三百年他都遵照马兹达的启示，以神赐的金戒指和镶金的手杖，令地面比原来的面积扩大三分之一，以便向日益增多的人类和大小四条腿动物提供足够的栖身之地。后来，神主马兹达在达伊蒂亚河①流经的艾尔亚纳·瓦埃贾②召集群神会议，会上神主把毁灭性的暴风雪即将来临的消息传达给贾姆希德，并指示他尽快修筑一座能御寒的坚固城堡。城堡内要开渠植草，搭棚盖房，储备丰富的食粮。然后，挑选世上最健壮、最完美的男女和最优良的牲畜，成双配对地带进城堡，以使人类和牲畜得以传宗接代。城内广场的前面造桥九座，中间造桥六座，后面造桥三座。每座桥梁的前段、中段和末段各放置一千、六百和三百名男女的胎藏。城内各地段务必用金戒指做出标记。此外，还要为城堡安装大门，留出孔洞，以使里面保持明亮。贾姆希德对神主的吩咐，一一照办不误，终于安然渡过了伴随着暴风雪的严寒期。③

这则古老而优美的伊朗神话清楚地表明：先王贾姆希德作为尘世的统治者，是受命于神主马兹达的，那神赐的金戒指和手杖便是王权的象征。在统治世界的九百年间，贾姆希德不断地开拓疆土，扩大人类和牲畜的活动范围和谋生地盘；他遵从神意，修筑城堡，战胜了严寒和暴风雪，确保人类和牲畜得以传宗接代，繁衍增殖。就是这样一位功绩赫赫、了不起的君王，可到《扎姆亚德·亚什特》，竟被描绘成一个亵渎神明、遭受天罚的罪人！我们不禁要问：作者篡改神话故事的用意何在？答案只能是一个，即要证明"失凯扬灵光者失王权"，失神赐王权者必

---

① 此河地理位置不详，一说指阿拉斯河或扎拉弗尚河，一说指阿姆河。
② 又称埃朗维杰，词义为"伊朗人的故乡"，即指伊朗雅利安人的原始住地。
③ 参看扎比霍拉·萨法：《伊朗史诗创作》，德黑兰，1973年版，第431—435页。

将落得可悲的下场。这大概是作者没有明言而让读者去细心体会的又一条"要义"吧。若是加上前述"得凯扬灵光者得王权"那一条"要义",岂不就对琐罗亚斯德教祭司精心构想的君权神授说,有了比较全面的认识了吗?

在中国虽然没有伊朗那种灵光神话,但灵光神话所反映的君权神授思想却是古即有之。"有夏服(受)天命"(《尚书·召诰》),禹"致孝乎鬼神"(《论语·泰伯》),这说明夏王朝已假借宗教进行统治。西周奴隶主贵族继承商代关于"上帝"(天)是宇宙间至高无上的神的宗教观念,自称周朝因得上帝的佑助,才灭掉不服从天命的商朝。"非我小国敢弋殷命,惟天不畀。"(《尚书·多士》)说的就是这个意思。尤其值得一提的,"是《尚书》中的《洪范》篇。司马迁在《史记·周本纪》中认为,它开始的一段话是周初武王和箕子对话的记录。武王问:"上天保佑下民,监视他们的行事,它的秩序(规律)如何,我还不大明白。"箕子答:"我听说从前鲧用土阻塞洪水。递反五行中水的特性,上帝震怒了,并不给他洪范九畴。于是,世界的正常秩序遭到破坏,鲧也被杀死了。禹继承鲧的事业,上帝赐给他洪范九畴,这才使世界秩序得以恢复。"由此可见,为王者事业的成败,完全取决于神的意愿。中国的鲧和伊朗的贾姆希德,都是因为言行不当惹恼了神灵,丧失了为王者的资格,才遭到上帝的惩罚。这种国运好坏、帝祚长短由上帝决定的"天命观"与伊朗灵光神话宣扬的王权之得失取决于"凯扬灵光"之得失的君权神授论,在本质上是一脉相承的。

西汉时期唯心主义哲学家董仲舒为适应汉武帝神道设教的需要,提出了天人感应的神学目的论,宣扬君权神授思想。如"王者承天意以从事"(《春秋繁露·尧舜汤武》),"受命之君,天意之所予也"(同上,《深察名号》),说的就是皇帝有代天实行统治和赏罚的至上权威。他还说:"王道之三纲,可求于天"(同上,《基义》)这样就把三纲(君为臣纲、父为子纲、夫为妻纲）与天的意志挂起钩来，以此论证封建宗法思想的合理性和封建制度的永恒性。董仲舒认为天和人具有相同的气质和情感，可以相互感应。"天人相与之际，甚可畏也。国家将有失道之败，而天乃出灾害以谴告之；不知自省，又出怪异以警惧之；尚不知变，而伤败乃至"（《汉书·董仲舒传》）。这种"谴告"说，是站在维护统治阶级根本利益的立场上，试图用天对国君有所限制，以防止其不行仁义，招致败亡。与此同时，董仲舒还提出"符瑞"说，是言有道明君受天命的预兆。"天瑞应诚而至，书曰：'白鱼入于王舟；有火复于王屋，流为乌。'此盖受命之符也"（同上）。后来，两汉统治者大量制造祥瑞，广为传播谶纬迷信，其目的无非是假借神威来弥补其强力之不足。当我们研读《扎姆亚德·亚什特》颂诗时，将以君权神授为核心的董仲舒哲学思想拿来对照一下，还是大有裨益的，不妨可以说，它为光怪陆离的伊朗灵光神话做了最好的注脚，因而启发我们去进一步考察灵光神话对后世伊朗的文学、艺术和政治思想等方面产生的深远影响。

三

波斯古经《阿维斯塔》中的灵光神话由于宣扬了君权神授的思想，因而备受历代帝王的重视和推崇，这是它在民间得以广泛流传的重要原因之一。伊朗的帝制王权，从公元前558年居鲁士大帝创建阿契美尼德王朝算起，迄今已有两千五百多年的历史，它所赖以存在的精神支柱，正是灵光神话中的君权神授论。因此我们说灵光神话对于伊朗传统的文化思想及其民族心理特征具有重大的影响，不可等闲视之。篇幅所限，我们不能长篇大论。这里仅举几个例子，来说明琐罗亚斯德教的灵光观念在前伊斯兰时期的伊朗文化艺术中是如何得到表现的，也就足以见出其影响的深度和广度。

从考古发掘和出土文物来看,阿契美尼德王朝诸君几乎都把王权视为神的恩赐,认为自己是遵从阿胡拉·马兹达的旨意,登上帝王宝座的。大流士大帝(前522—前486在位)在克尔曼沙赫附近的比斯通(亦作贝希斯敦)山岩铭文中说:"伟大的天神阿胡拉·马兹达创造了地,创造了天,创造了人,并为人创造了欢乐;他赐予大流士以王权,使之成为万民之君,世人的立法者。"① 他还以天神代理人的身份,郑重其事地宣布:"众民百姓啊!听我向你们传达阿胡拉·马兹达的指示——切勿偏离正途,切勿心生邪念,更不可犯下罪过!"② 在塔赫特·贾姆希德(又称波斯波利斯)发现的阿契美尼德诸王陵墓内的高浮雕上,有这样的图景:国王立于燃火的祭坛之前,一个有翼的神灵形象在其上方出现,那神灵头戴上宽下窄软帽形的三重冠,身着肥大的米底式长袍,宽大的衣袖直垂至脚面,上有线条优美的日轮和涡纹,一双圣洁的羽翼伸展开来,构成背景,衣服上的褶皱暗合着羽翼上的涡纹,整个画面给人以超脱、隽逸、庄严、肃穆之感。学术界普遍认为,浮雕上的神灵形象是阿胡拉·马兹达,或者说是国王本人的保护神"法尔瓦尔丁"③;但扎比霍拉·萨法博士却不以为然。他明确地指出,既然那带羽翼的神灵不仅在帝王的陵墓中,而且在著名国君大流士大帝雕像的上方出现,那就不能完全断言它为国王的法尔瓦尔丁的化身,说它象征君权的庇护神,亦即"凯扬灵光",反倒更合适些④。萨法博士的说法,似乎不无道理。

以琐罗亚斯德教为国教的萨珊王朝(224—651)诸王,简直把神主

---

① 转引自《伊朗历史和文学中的帝王》,第91页。
② 参看《伊朗历史和文学中的帝王》,第91页。
③ 法尔瓦尔丁(Fravashi),又称弗拉瓦希、弗拉瓦尔德,词义为"永恒的精神体",简称"灵体",是世间万物的保护神。据《阿维斯塔》记载,神主马兹达及其一切创造物无不具有自己的灵体。人从胎儿形成之日直至垂危将死之时,都受到本人灵体的保护。
④ 参看《伊朗历史和文学中的帝王》,第90页。

阿胡拉·马兹达当成了自己的护身符和御用工具。该王朝的开国皇帝阿尔达希尔（224—241在位）在其铸造的硬币上宣称："造物主马兹达的崇祀者、王中之王阿尔达希尔，乃神之骄子。"[①] 如此说来，对国王的叛逆，也就无异于对神明的亵渎；谁若是图谋不轨，犯上作乱，岂不就是犯下了不可饶恕的弥天大罪！在法尔斯省塔赫特·贾姆希德附近的纳格什·鲁斯塔姆，至今尚可见到山岩上镌刻的浮雕，其中多数属于沙普尔一世（241—272在位）时期的故物。浮雕上呈现出这样的画面：国王和神主霍尔莫兹德[②] 面对面地骑在马上，两匹彼此相触的骏马，形状全然相同。除了特有的标志和头饰之外，神主和国王的形象几乎完全一样。二者的姿势，一个授冕，一个接冕，也正类似。此处神主与国君互相挨近的姿势，显得那么亲切而自然，就像宫廷内举行的授冕仪式似的。这种使得国王好像是神主之复本一般的严格对称的安排，充分体现出这个专横而虔敬的王朝的神权观念。据专家考证，那浮雕上的国王就是赫赫有名的阿尔达希尔。同一题材的岩石浮雕，还在沙普尔旧城遗址有所发现。这类庄严凝重的"授冕图"再清楚不过地表明，君权神授的思想内容已成为萨珊王朝雕塑艺术的重大主题之一。此外，在饱经兵燹之害，难得保留下来的萨珊时期的文学作品中，我们发现了有关描写灵光的巴列维语传奇故事《阿尔达希尔·帕帕克的业绩》，书中虽然还是着重宣扬君权神授那一套，但比起《扎姆亚德·亚什特》颂诗来，则文学意味更浓，因而也更加具有艺术感染力。

约成书于公元6世纪末7世纪初的《阿尔达希尔·帕帕克的业绩》，生动地记述了这位著名国君的历史传说故事。全书分为四章，每章以大故事套小故事的框架结构形式，层层展开情节，颇为引人入胜。故

---

① 转引自穆罕默德·塔吉·巴哈尔：《文体修辞学》，德黑兰，1958年版，第11页脚注。
② 霍尔莫兹德（Hormozd），巴列维语词，亦即《阿维斯塔》中的阿胡拉·马兹达。

事开头讲,法尔斯地区阿米尔帕帕克家中,有个年轻的牧羊人,名叫萨珊,他是波斯先王达拉①的后裔。此时,他改名换姓,混迹于阿米尔家的仆从之中。说也来奇怪,帕帕克连续三个晚上都在梦中见到萨珊。头天夜里梦见一轮红日在萨珊头顶上方闪耀着夺目的光彩;次日夜间梦见萨珊骑在一匹披红戴绿的白象身上,臣民百姓见到他,无不跪倒在地,顶礼膜拜,第三天夜里梦见萨珊屋内熊熊燃烧着三堆圣火——那是建在法尔斯、阿塞拜疆和霍拉桑的三大神庙中敬奉的神物②。帕帕克好生诧异,令人召来圆梦者。只听他们解说道:那三堆圣火分别代表宗教祭司、军人武士和农民、手工业者三大社会阶层。从梦中可以看出,社会各阶层民众无不对梦中所见之人或其后裔表示臣服。又说那光辉灿烂的太阳和披红戴绿的白象,是威严和胜利的征兆。这说明梦中所见之人或其子嗣,有朝一日必将黄袍加身,登基为王。③古代伊朗和印度一样,梦占极为盛行,它与我国西汉后期发展起来的谶纬迷信性质类似,主要是为君权神授理论服务的。纬书上说,圣君受天命时,天先出现祥瑞,如文王有赤雀之瑞,武王有白鱼赤乌之瑞等。此类荒诞无稽的梦话,纯属欺人之谈罢了。倒是书中有关灵光三次变形的描述,更值得玩味。

该书第一章《阿尔达希尔与阿尔达万》提到,青年阿尔达希尔在与之相好的宫娥的协助下,乘夜深人静之时盗出御马,一起逃离王宫。安息国王阿尔达万闻讯大怒,亲自率领四千铁骑,火速前去追赶。就在快要赶上的危难时刻,忽见灵光化作形状奇特的羚羊,尾随在阿尔达希尔

---

① 译作达拉伊·达拉布,即指阿契美尼德王朝末君大流士三世。
② 扎比霍拉·萨法博士指出,古波斯人认为圣火之神阿扎尔在尘世显形为三堆圣火,即阿塔尔·法尔恩巴格(宗教祭司崇祀之火)、阿塔尔·古什纳斯布(军人武士崇祀之火)和阿塔尔·巴尔津·梅赫尔(农民,手工业者崇祀之火)。参看《伊朗帝制》,德黑兰,1967年版,第149页。
③ 参看埃赫桑·亚尔沙泰尔:《古波斯神话传说》,德黑兰,1958年版,第143—145页。

的坐骑后面，护送他抵达大河岸边，摆脱了阿尔达万的追捕，安然返回法尔斯老家。嗣后，阿尔达希尔广为招兵买马，组建和编练军队。终于推翻安息王朝，登上了国王的宝座。① 显然，阿尔达希尔之所以能转危为安，登基为王，全靠神圣的灵光庇佑；否则，他恐怕早已成为安息国王阿尔达万的阶下囚。

该书第二章《阿尔达希尔与哈弗坦·布赫特》谈到，波斯湾沿岸的卡贾兰郡守哈弗坦·布赫特，凭借巨龙的淫威，穷兵黩武，东征西伐，称霸一方。新上台的国王阿尔达希尔先派大军进剿，因遭埋伏；全军覆没；后亲自领兵前去讨伐，不料又中奸计，腹背受敌，陷入进退维谷的境地。就在此时，忽见灵光化作一头野驴，出现在阿尔达希尔面前，为之引路前行，顺利通过地势险恶的隘口，摆脱了敌人的围追堵截。后来，阿尔达希尔采纳笃信琐罗亚斯德教的博尔兹兄弟出的妙计，乔装打扮成霍拉桑巨商，打入敌人城堡，伺机杀死巨龙，彻底平息了哈弗坦·布赫特之乱。② 不消说，阿尔达希尔之所以能平定内乱，实现统一伊朗的夙愿，也全靠神圣的灵光庇佑；否则，他早就成为卡贾兰郡守的刀下鬼了。

该书第三章《阿尔达希尔与阿尔达万之女》述及，作为王妃的阿尔达万之女，在其逃亡异国的兄弟来信的煽惑下，心头燃起替父报仇的火焰，决意置萨珊国王于死地而后快。她乘阿尔达希尔狩猎归来，口干舌燥之机，端出事先准备好的掺有毒药的甜面羹，递给国王陛下。只见阿尔达希尔接过杯子，举到嘴边，刚要一饮而尽。说时迟，那时快，忽见一只火红的老鹰突然从天而降，用翅膀将他手中的杯子打翻在地。伊朗国王这才死里逃生，幸免于难。③ 据说这只火红的老鹰，是法尔斯拜

---

① 参看《古波斯神话传说》，第152—157页。
② 同上书，第159—172页。
③ 参看《古波斯神话传说》，第173—176页。

火神庙的守护神变的。另有学者认为,此处的红老鹰与《扎姆亚德·亚什特》中灵光所变的雄鹰暗合,故而应视其为"凯扬灵光"的化身。正是在灵光的庇佑下,阿尔达希尔才得以逢凶化吉,遇难呈祥;否则,他早已服毒身亡,命归黄泉了。

总之,阿尔达希尔夺取政权,平定天下执掌朝政,乃至他的人身安全,都离不开神圣的灵光庇佑,他立下的丰功伟绩,无一不是灵光的神助使然。传奇故事中包含的这种神权观念,与灵光神话所宣扬的君权神授论,如出一辙,毫无二致。由琐罗亚斯德教祭司构想出来的灵光神话,就这样与世俗王权结下了不解之缘,就这样渗透到民间传说故事里,发挥着它腐蚀人们心灵的作用。

对灵光的描述,不仅存在于前伊斯兰时期的《阿维斯塔》及其文献和巴列维语各种著述中,而且在伊斯兰时期的宗教经典、史籍文论、民间故事和文学作品中也是屡见不鲜的。这里仅举一个事例,就足以说明传统的灵光神话对伊朗直磐文学具有何等重要的影响。大家知道,菲尔多西的传世之作《王书》是古波斯神话传说的集大成者,其中就含有大量有关灵光的描写。前伊朗文化艺术部民间文艺局曾于1959年委托阿里·戈利·埃泰马德·莫加达姆先生,将《王书》中有关描写灵光的段落摘编成册,出版了题为《〈王书〉中的灵光》一书,十六开本,共一六二页。全书分为十五篇,内容极其丰富。除了宣扬君权神授这个基本思想以外,书中还有忠君报国、天才论和英雄创造历史的唯心史观等方面的说教。随着研究工作的深入,笔者将陆续写出有关的评论文章。如果做得好,或许有助于加深我们对伊朗的文化思想特征及其民族心理素质的认识。这对于伊朗文学乃至整个东方文学的研究,想必是很有意义的。

第八章 巴列维语和巴列维语文学初探

一

伊朗古称波斯,是个有悠久历史和文化传统的国家。伊朗语言属于印欧语系,是印度—伊朗语族的一个分支。按照前德黑兰大学文学系主任扎比霍拉·萨法博士的意见,从古至今的伊朗语言大体上可划分为三个发展阶段:古伊朗语言、中伊朗语言和新伊朗语言。古伊朗语言包括古波斯语、阿维斯塔语、米底语和萨克语等;中伊朗语言包括巴列维语、索格德语、萨克语和花剌子模语等;新伊朗语言主要包括达里波斯语、库尔德语、普什图语、塔巴尔语等[①]。其中比较重要的有古波斯语,它是伊朗阿契美尼德王朝(前559—前330)的国语,用楔形文字书写;巴列维语,亦称中波斯语,为安息王朝(前247—226)和萨珊王朝(224—651)时期使用的主要语言;达里波斯语,亦称新波斯语,是7世纪中叶阿拉伯人入主伊朗之后逐渐兴起的东部地区语言,约从9世纪下半叶开始取代巴列维语而成为伊斯兰时期伊朗的书面语言。作为中

[①] 参看扎比霍拉·萨法博士《语言宝库——波斯语伟大诗人及其作品选》序,德黑兰,伊本·西那出版社1960年版,第1—13页。

波斯语的巴列维语,横跨伊斯兰前后两个时期,它上承古波斯语,下接新波斯语,像一条纽带把伊朗三大主要语言串联起来,其地位之重要,不言自明①。

这里需要着重指出两点,一是公元前4世纪上半叶希腊—马其顿的亚历山大举兵东征,灭波斯帝国,竭力推行希腊文化。虽说亚历山大的部将塞琉古及其嗣王的异族统治维持不足百年,即被安息王朝取而代之,但希腊语在伊朗的影响却一直延续到公元前1世纪末。二是伊斯兰初期二、三百年间,伴随着旨在反对阿拉伯统治者的民族主义狂热,和维护本民族传统文化的舒毕运动,在伊朗曾出现一个规模空前的翻译运动,其时各种巴列维语著述被大量译成阿拉伯文,因而对阿拉伯语言和文学,乃至整个伊斯兰文化产生了巨大影响②。当我们考察巴列维语和巴列维语文学时,这两种历史现象是很值得注意的。

古代伊朗流行时间最长,影响也最显著的巴列维语,又可分为安息巴列维语和萨珊巴列维语两种。"巴列维"(Pahlavi)一词是由"帕尔萨维"(意为"骁勇善战者")演变而来的,它原指伊朗东部霍拉桑地区的一个剽悍部落,或该部落的居住地。公元前3世纪中叶,帕尔萨维部落崛起,推翻亚历山大部将塞琉古嗣王的统治,创建了安息王朝。该王朝时期伊朗人所操的语言就是巴列维语,后被称为安息巴列维语,或迦勒底巴列维语,亦作北巴列维语。据《简史与故事》(写于1126年)记载,安息王朝时期各种著述总共七十部③。但现已全部散亡,详情不得而知。今天我们所能见到的安息巴列维语的最早文献,是在库尔德斯坦乌拉曼地区出土的两份地契,上面记载着朝廷有关购买土地的规定。另据

---

① 参看巴赫拉姆·费拉瓦希博士《巴列维语词典》序,德黑兰大学出版社1979年版,第4页。
② 参看穆罕默德·塔基·巴哈尔《文体修辞学》第1卷,德黑兰,阿米尔·卡比尔出版社1955年版,第148—159页。
③ 见前引《文体修辞学》第1卷,第39—40页

专家考证，对话体寓言诗《亚述之树与山羊》原系安息巴列维语著作，不过保留下来的却是萨珊巴列维文抄本①。萨珊王朝时期伊朗的流行语言，被称作萨珊巴列维语，或称南巴列维语，它在发音、语调和构词上均与安息巴列维语不尽相同。这种语言同古波斯语和阿维斯塔语差别明显，而与达里波斯语比较接近。保留至今的巴列维语古籍经文，几乎全是萨珊王朝后期至伊斯兰初期二、三百年间的著述，并且又都是用萨珊巴列维文写成的，其意义之非同小可，自不待言。

萨珊巴列维文发轫于东阿拉米文（即伊拉克阿拉米文），它总共只有 25 个元音和辅音字母，其中个别辅音字母可以发几种不同的音。据《书目》作者伊本·纳迪姆（卒于 995 年）援引伊本·穆加发（724—759 年）的说法，萨珊巴列维语书写文字大致可分为七种：宗教文字、卜卦文字、契约文字（又称金石铭文）、学术文字、宫廷文字、机密文字和大众文字（又称书信文字）②。其中宗教文字被称作"丁·达比里"，是琐罗亚斯德教（即拜火教，又称祆教）祭司用来译注波斯古经《阿维斯塔》的专用文字。据说，萨珊王朝后期（6 世纪）祭司们认为巴列维文字母太少，不足以充分表达圣书的含义，且担心有人误解或篡改经文，故而另外造出这种文字，所以它又有"阿维斯塔文"之称③。所谓大众文字，顾名思义，是在民间广为流传的一种文字，保留至今的巴列维语著述，主要是用这种文字撰写的。

萨珊巴列维文中还有一种特殊的语言现象，即里面包含约一千个"霍兹瓦雷什"字，它们全是借用来表达词义的阿拉米字。每个"霍兹

---

① 参看杰·塔瓦迪亚《巴列维语言和文学》，斯·纳杰姆阿巴迪译，德黑兰大学出版社 1976 年版，第 188 页。
② 见前引《文体修辞学》第 1 卷，第 77—78 页。
③ 参看哈桑·皮尔尼亚·莫希尔桂拉和阿巴斯·艾格巴尔·阿什蒂亚尼《伊朗通史》，德黑兰，哈亚姆出版社，原书未注明出版日期，第 279 页。另见前引《文体修辞学》，第 1 卷，第 81—83 页。

瓦雷什"字都代表一个固定的巴列维语词，彼此之间有严格的对应关系。不过在实际运用时经常发生混乱，有的"霍兹瓦雷什"字与其代表的巴列维语词对不上号，因而给后来的文字注释和训诂学带来极大困难。直至 19 世纪学者们从《书目》中了解到伊本·穆加发关于这种语言现象的解说，这才把一千个"霍兹瓦雷什"字释读成功①。值得一提的是，20 世纪初在我国新疆吐鲁蕃出土的摩尼教经典残卷，里面竟连一个"霍兹瓦雷什"字也没有。学者们认为这是一种经过改良的巴列维文，不妨称之为纯巴列维文。摩尼教经典残卷的发现，不仅对研究巴列维文具有重要价值，而且丰富了巴列维语文学的内容——有的学者从中注释出每句十二个音节的颂诗②。

二

如所周知，信奉唯一、万能之神阿胡拉·马兹达的琐罗亚斯德教，是前伊斯兰时期伊朗最主要的宗教。到了萨珊王朝时期，琐罗亚斯德教被推崇为国教③，波斯古经《阿维斯塔》则上升成为全体国民必须遵从的圣书。作为神权国家的萨珊帝国，其整个上层建筑，自然包括文学在内，势必会打上深深的宗教烙印。带有浓厚的琐罗亚斯德教色彩，这正是巴列维语文学的显著特征。甚至可以说，巴列维语文学是以阐扬琐罗亚斯德教的教义、教理和教规为宗旨的。因此，有的学者称巴列维语文学为琐罗亚斯德教文学，或者称其为阿维斯塔文学。从保存至今的巴列维语著作来看，虽然大都为宗教典籍，其中又以记述宗教法规和礼义的经文居多，但里面却不乏文学性质的内容。其实，有些宗教著作

---

① 见前引《文体修辞学》，第 1 卷第 80 页注解①。另见前引《伊朗通史》，第 271—272 页。
② 见前引《文体修辞学》，第 1 卷第 107—108 章。
③ 见前引《伊朗通史》，第 252 页。

即使说它是文学作品亦无不可。至于纯文学的著作当然也是有的，不过寥若晨星，数量极少，而且摆脱不掉宗教的束缚。为了叙述的方便，我们不妨将与文学有关系的内容大致分为富于哲理的宗教神话，歌功颂德的帝王英雄传说，劝善惩恶的箴言、故事和被后世的翻译作品等几个类别。在分门别类地加以评述之前，首先应该提及萨珊王朝时期收集、整理和重新编订的波斯古经《阿维斯塔》，因为它是前伊斯兰时期的一部内容最丰富、影响也最大的重要著述。

《阿维斯塔》原称《阿弗佩斯塔克》，词义为"坚实的根基"，似可引申为"中流砥柱"。原本《阿维斯塔》共二十一卷，八百一十五章，早已散亡[①]。萨珊时期编订的《阿维斯塔》分为《伽萨尼克》《达蒂克》和《哈塔克·曼斯里克》三大部分，每大部分包括七卷，总共二十一卷，三百四十八章，约三十四万五千七百字。《伽萨尼克》是对《伽萨》颂诗的阐释，主要讲述天国的知识，《达蒂克》涉及宗教法规和礼仪，主要讲述尘世的知识，《哈塔克·曼斯尼克》则讨论了天国与尘世之间的联系[②]。这部著作也已大部散失，流传至今仅存十四万余字[③]。学者们将现存《阿维斯塔》按内容分为《伽萨》《亚斯纳》《亚什特》《万迪达德》《维斯帕拉德》和《胡尔达·阿维斯塔》六卷。有关各卷的评述可参看拙文《波斯古经〈阿维斯塔〉》（载《外国文学研究》1986年第1期），恕不赘言。

波斯神话虽不像印度神话那样古拙，也不像希腊神话那样富有人情味，但却寓意深邃，耐人寻味。其中有关自然界诸神的神话所占比重不大，主要是旨在阐明宗教哲理的神话，如宣扬"善恶二元"论的创世

---

① 见前引《文体修辞学》，第1卷第6页，第9—13页。
② 参看贾利尔·杜斯特哈赫《〈阿维斯塔〉——琐罗亚斯德教的圣书》前言，德黑兰，珍味出版社，1976年，第3—4页。另见前引《巴列维语言和文学》，第83—90页。
③ 见前引《巴列维语词典》序，第9页。

神话,表现"天启"说的教主琐罗亚斯德和隐遁先知奉命下凡的神话,反映"君权神授"观念的"灵光"神话,和带有神学目的论意味的"灵体"神话等。这些神话故事较少集中的记述,而多散见于各种古籍经文。下面仅举两例,即可窥豹一斑,见其风貌。

成书于9世纪的《邦达赫申》(意为"原始的创造",即"创世纪")共三十六章,比较完整地记载了开天辟地的神话,其内容与《阿维斯塔》已散亡的《达姆达特·纳斯克》相类似。书中讲到原始之初就存在着各自独立的光明与黑暗两个世界。光明世界的善神马兹达智慧无比,他预见到黑暗世界的恶魔阿赫里曼迟早要来进犯,便着手创造出神灵的天国。三千年过后,恶魔阿赫里曼无意中发现了光明世界,惊愕之余,产生必欲置其于死地而后快的念头。他制造出形形色色的妖魔鬼怪,狂妄地向马兹达提出挑战。经过一番较量,阿赫里曼显然不是对手,但他并不甘心失败。结果双方约定进行长达九千年的斗争以决胜负。头三千年内,阿赫里曼慑于光明世界的强大,未敢轻举妄动,蛰居于魔窟之中,等待时机,以求一逞。马兹达利用这段时间充实了神灵的天国。他首先创造了巴赫曼、奥尔迪贝赫什特、沙赫里瓦尔、斯潘达尔马兹、霍尔达德和阿莫尔达德等六大天神作为自己的得力助手,继而造出"火、气、水、土"四大要素,最后用一年时间,分六次先后创造了天空、江河、大地、植物、动物和人类,并将日月星辰组成的天空划分为七层,自己高居于光芒万丈的七层天的顶端,做好了迎战恶魔的准备。第二个三千年开始,在女妖的百般蛊惑下,阿赫里曼率领众妖杀向光明世界,大肆摧残善神的创造物。马兹达和诸神祇奋起反击,痛歼妖魔鬼怪。阿赫里曼等一败涂地,仓皇逃回阴暗的魔窟。但是,众妖魔带来的虚伪、奸诈和暴虐,贫穷、疾病和灾难,以及各种毒蛇猛兽却遗留下来,继续危害世间万物。进入最后三千年,神主马兹达应不堪忍受折磨的牛精古舒尔万的恳求,选派琐罗亚斯德的灵体下凡,以拯救黎民于水深火热之中,以指引百姓抑恶扬善,弃暗投明,并协助马兹达彻底战胜以阿赫里曼为罪魁祸首的众妖魔,清除世上的一切邪恶势力,还光明世界以本来的面貌①。显然,这则神话故事对理解琐罗亚斯德教的"善恶二元"论,具有重要的价值;而以抑恶扬善为最终目的的"善恶二元"论,不仅是琐罗亚斯德学说的核心,而且可以说是巴列维语文学的灵魂。

以《阿维斯塔》已散佚的《斯潘德·纳斯克》为底本,而于9世纪写成的《丁·卡尔德》(意为"宗教知识大全"),共九卷十六万九千字。该书第七卷记述了有关教主琐罗亚斯德降世的神话,其内容梗概如下:琐罗亚斯德的灵光来自第六层天"漫无边际的光源",它从群星闪烁的星层降落到弗拉希姆家族的祭火台,又从祭火台进入已经怀孕的弗拉希姆妻子的腹中。数月后,她生下一个女婴,取名杜戈达娃。杜戈达娃长大成人,出落得如花似玉一般,且因体内含有神圣的灵光,致使她在沉沉黑夜中也如明灯一样熠熠闪亮。由于妖魔的蛊惑和煽动,弗拉希姆误以为女儿中了妖邪,便将她赶出家门。杜戈达娃辗转来至斯皮塔曼部落居住地,与酋长之子普鲁沙斯布结为夫妻。再说琐罗亚斯德的灵魂,原本和其他神祇一样,生活在光明天国,这时被大天神巴赫曼和奥尔迪贝赫什特置于圣草胡摩茎内。两位大天神飘飘然降临人世,将这棵胡摩草安放在一棵参天大树的顶端。这天牧牛的普鲁沙斯布恰好打这里经过,在天神的引导下,他从树上取下神圣的胡摩草,回家交给妻子收藏起来。最后说琐罗亚斯德的躯体,是由大天神霍尔达德和阿莫尔达德用水和植物配制而成的。两位大天神此时将琐氏的躯体体分子置于雨点之中,纷纷降落大地,渗入草木体内。普鲁沙斯布放牧的牛群,饱餐了含有琐氏躯体分子的青草,乳房顿时膨胀起来,杜戈达娃挤出牛奶,然后将保存的胡摩草捣碎,掺进牛奶里,一股脑地喝下去。这

---

① 参看阿赫桑·亚尔沙泰尔《古波斯神话与传说》,德黑兰,图书翻译出版社 1958年版,第13—27页。

样,琐罗亚斯德的灵魂及其躯体分子,就同杜戈达娃身上原有的琐罗亚斯德的灵光合为一体。事过不久,伊朗第一位先知便应孕而生,降临人世①。从这则神话中不难看出琐罗亚斯德诞生其中的那个社会的形态——以游牧业为主的氏族部落社会,因而对研究伊朗宗教史的发端,提供了重要的旁证。

三

巴列维语文学中的帝王英雄传说,内容比宗教神话更为丰富,写得也更加精彩。在现存《阿维斯塔》残本六大卷里,或多或少都有关于古代帝王英雄的传说片段,若将它们归纳起来,大致可分为三类。一是卑什达德王朝诸帝国英雄传说,主要反映公元前2世纪中叶伊朗雅利安人从中亚地区南迁,进入伊朗高原,与当地土著部落展开的斗争;二是凯扬王朝诸帝王英雄传说,主要表现伊朗雅利安人在伊朗高原站稳脚跟后,与后来入侵的异族突朗进行的角逐;三是宗教时代的帝王英雄传说,主要记述公元前7—前6世纪伊朗两大教派之间的对立、矛盾和冲突。其中比较著名的,有世间第一位统治者贾姆希德遵从神主马兹达的指示,在埃朗维杰(意为"雅利安人之故乡")修筑城堡,保护人类和牲畜安然度过毁灭性暴风雪的传说;有阿特宾之子法里东击败妖怪阿日达哈克,和他三分天下的传说;有手持狼牙大棒的加尔沙斯布力斩头上生角的巨龙的传说;有凯·霍斯鲁国王替父报仇,抓获邪恶的突朗暴君阿弗拉西亚布的传说;有凯·古什塔斯布国王大力赞助和扶植琐罗亚斯德教的传说等,不一而足。所有这些有关古代伊朗帝王英雄的传说故事,后来均被收入编订于萨珊王朝末期的《赫瓦塔伊·纳马克》(意为"列王纪")中,只可惜这部名著未能流传下来;否则,我们定会

---

① 见前引《古波斯神话与传说》,第57—63页。

见到更多脍炙人口的古波斯帝王英雄传说。

此外，在民间口头创作的基础上，形成了伊朗第一篇叙事故事诗《缅怀扎里尔》和富于浪漫色彩的历史传奇故事《阿尔达希尔·帕帕克的业绩》。这两篇史诗性的作品，被公认为是巴列维语文学的代表作，应该格外予以重视。成书于5世纪末6世纪初的《缅怀扎里尔》，是一篇洋溢着爱国主义热情的英雄颂歌，它记述了伊朗和邻国突朗之间因宗教信仰分歧而发生的一场战争。作者通过对战争起因、战争动员、战争经过和战争结局的生动描绘，讴歌了凯·古什塔斯布国王的兄弟、伊军统帅扎里尔为坚持民族的宗教信仰，为捍卫国家的独立和尊严而英勇杀敌、为国捐躯的英雄壮举；赞扬了以扎里尔的幼子巴斯塔瓦尔、旗手格拉米·卡尔特和王子埃斯梵迪亚尔为代表的伊军将士浴血奋战，全歼敌军的大无畏英雄气概；同时嘲讽了突朗国君阿尔贾斯布及其将领维德拉弗什的飞扬跋扈、阴险狡诈的丑恶嘴脸，因而深刻地阐明了这样一个主题：为祖国和民族信仰而战必胜，倒行逆施、胡作非为者必败！

《缅怀扎里尔》堪称思想性和艺术性兼优的佳作，它在战争场面的描绘和人物性格的刻画方面确有独到之处。如写伊军统帅扎里尔在战场上身先士卒、英勇杀敌的威风，给人以无往不胜、无坚不摧之感：

　　骁勇善战的扎里尔，
　　飞身上马冲向战场，
　　犹如一团熊熊的烈火——
　　借助风势燃着芦苇塘。
　　他挥舞闪光的利剑，
　　左右劈杀，锐不可当，
　　随着每一次手起剑落，

管叫十名敌兵把命丧！①

当突朗将领维德拉弗什施展诡计，用带毒的魔枪把伊军统帅的铠甲刺穿后，"喊杀声顿时戛然而止，空中不再见流矢交坠，伊军将士个个呆若木鸡，只因统帅扎里尔倒下马去。"就在这关系战争胜败的紧要关头，扎里尔之子"巴斯塔瓦尔快马加鞭，冲到两军交战的阵前。当他发现父亲的尸体，不觉心似刀绞泪流满面。"接下去巴斯塔瓦尔哭悼亡父的片段，写得情真意切，感人至深：

呵！我声名显赫的父亲，
你怎么会倒在血泊里？
呵！神鹰般矫健的英雄，
是谁掠走了你的坐骑？
你曾发誓要全歼突朗人，
如今何以落到这步田地？
呵！你的须发被风吹乱，
你纯洁的身躯惨遭蹂躏，
看你的面孔布满灰尘，
失去往日的风采和神威。
呵！可叫孩儿如何是好？
倘若我此时跳下马去，
将父亲的头抱在怀里，
揩净你面颊上的污垢，
那就会遭到敌人暗算，

---

① 本文引诗根据扎比霍拉·萨法博士《伊朗史诗创作》，德黑兰，阿米尔·卡比尔出版社1973年版，第127—131页。

像你一样被击倒在地!

理智终于占了上风。巴斯塔瓦尔抹去悲痛的泪水,满怀复仇的怒火,握紧手中枪,驱马冲上前去,像扎里尔一样无所畏惧。狡诈的维德拉弗什再次出马上阵,他原以为只要略施小计,即可将这黄口小儿置于死地。谁料想他竟有去无还,被巴斯塔瓦尔杀下马来,一命归天。

巴斯塔瓦尔正待要出击,
忽听得亡父在天之灵说道:

孩儿呀!快把长枪丢弃,
对付奸诈、邪恶的异教徒,
弓箭才是最有效的武器!
巴斯塔瓦尔闻听恍然大悟,
急忙取箭,举弓怒射,
维德拉弗什应声倒地。
夺回父亲的筒靴和锦袍,
骑上父亲的那匹黑骏马,
巴斯塔瓦尔精神百倍,
直朝着突朗人冲杀过去。

这般描写,既表现出伊军统帅扎里尔生为豪杰,死为鬼雄的英雄气概,同时又把扎里尔之子智勇双全的少年英雄形象,栩栩如生地展现在读者面前,笔法确实不俗。这篇英雄颂歌对伊斯兰时期的波斯文学颇有影响,它被认为是横架在《阿维斯塔》叙事诗和菲尔多西史诗《王书》之间的一座桥梁。

《阿尔达希尔·帕帕克的业绩》约成书于6世纪末7世纪初，讲的是有关萨珊王朝开国皇帝创业立国的历史故事。全书分为四章，每章均以大故事套小故事的框架结构形式展开情节，层次分明，跌宕起伏，读来趣味盎然。故事开头部分写得诡谲奇巧：法尔斯省督帕帕克一连三个晚上都梦见他家的牧羊人萨珊。头天夜里梦见萨珊头顶闪耀着一轮红日；次日夜间梦见萨珊骑在披红戴绿的白象身上，臣民百姓全都跪倒在地，向他顶礼膜拜；第三天晚上又梦见萨珊屋内熊熊燃烧着三堆圣火。帕帕克好生诧异，急令圆梦者来见。只听他们言道：那三堆圣火分别代表宗教祭司、军人武士和农民、手工业者，从梦中可见，这三大社会阶层的民众无不对他表示臣服。还说那光辉灿烂的太阳和披红戴绿的白象乃威严和胜利的象征，它暗示梦中所见之人或其子嗣，有朝一日必将皇袍加身，荣登王位。① 这样，通过帕帕克的占梦，就为主人公阿尔达希尔的出场做了铺垫，并为他日后推翻安息王朝，平定内乱和实现统一大业埋下了伏笔。

第一章讲青年阿尔达希尔奉诏进宫，因狩猎时惹恼安息国王，被贬为马夫，后在相好的宫娥协助下逃出王宫。国王阿尔达万闻讯大怒，亲自率领四千铁骑前去追赶。眼看就要追上之际，忽见一只形状奇特的羚羊跳上阿尔达希尔的马背，护送他抵达大河彼岸。回到法尔斯之后，阿尔达希尔广为招兵买马，组织和编练军队，终于推翻安息王朝的统治。第二章写波斯湾沿岸卡贾兰郡守哈弗坦·布赫特，凭借巨龙的淫威，穷兵黩武，称霸一方。新即位的阿尔达希尔先派大军进剿，因遭埋伏，全军覆没。后亲自出征，不料又中奸计，腹背受敌，陷入进退维谷的绝境。危急时刻，忽见一头野驴，出现在阿尔达希尔面前，为之引路前行，顺利通过关隘，摆脱了敌军的围追堵截。事后不久，阿尔达希尔采纳正教徒博尔兹兄弟出的妙计，乔装打扮成霍拉桑巨商，伺机打入敌

---

① 见前引《古波斯神话与传说》，第143—145页。

人城堡,用熔铜液杀死巨龙,彻底平息了哈弗坦·布赫特之乱。第三章讲身为王妃的阿尔达万之女,在流亡异国的兄弟们的煽动下,心头燃起复仇的火焰。她乘阿尔达希尔打猎归来,口干舌燥之机,端出掺有毒药的甜面羹,恭顺地递给丈夫。就在阿尔达希尔举杯到唇边的刹那间,一只火红的老鹰突然自天而降,用翅膀将他手中的杯子打翻在地。① 作者明白地表示,文中先后提到的羚羊、野驴和老鹰,都是象征神赐王权的"灵光"的化身。由此不难看出,作者的意图在于表明:在夺取政权、平定天下和执掌朝政的整个过程中,为王者始终离不开神圣的灵光的庇佑。阿尔达希尔一生中立下的丰功伟绩,无不是灵光的神助使然。这就难怪历史上萨珊主朝的开国元勋阿尔达希尔要在货币铭文中以"天之骄子"自诩,原来世间的君主是在"替天行道",是在代表天神履行统治黎民百姓的职责。

《阿尔达希尔·帕帕克的业绩》虽然含有君权神授和人命天定的说教,以及圆梦、占星等宗教迷信的成分,但书中描绘的主人公形象,却在为民除害和为完成国家统一大业的激烈斗争中散发出光彩;他那种坚韧不拔、百折不挠的奋斗精神,那种排除万难去争取胜利的英雄气概,依然给人们以鼓舞和向上的力量,因此仍不失为巴列维语文学的上乘之作。

四

劝谕性的箴言、故事是巴列维语文学的重要内容之一。这里所谓的箴言,主要是指帝王临终前的遗嘱,如《霍斯鲁·阿势希尔旺的遗训》;贤臣奉旨撰写的训谕,如《布佐尔格·梅赫尔的训示》;先哲的至理名言,如《琐罗亚斯德的教导》;祭司长的谆谆教诲,如《阿扎尔帕

---

① 见前引《古波斯神话与传说》,第147—175页。

特:梅赫拉斯潘丹的智谕》等。这类箴言作品大都被收入于由 J·M·阿萨纳编辑的《巴列维语文献》,① 我们不妨信手拈来几个例子。例一:"没有智慧者自寻烦恼,没有贤妻者受尽煎熬,没有子女者默默无闻,没有财产者微不足道"。② 例二:"品行不端之人,不可相求;心术不正之人,不可相信;骗人有方之人,不可相交。"③ 这类短小精悍的箴言之作,文字洗练,语意隽永,算得上是古波斯人处世经验和智慧的结晶。它如警钟长鸣,振聋发聩,起到了劝世谕人的作用。另外有些箴言显然是讲给王孙贵胄听的,目的在于规劝他们修身养性,知书达礼,学会多种本领,以便为朝廷多做贡献,并为将来接班掌权做好准备。如萨珊王朝时期著名的大教长阿扎尔帕特·梅赫拉斯潘丹就曾告诫说:"荣华富贵,穷愁潦倒和权势显赫,我都有亲身的体会。富贵时要慷慨大方,乐善好施;贫穷时要克勤克俭,量入为出;得势时要施以仁政,切勿草菅人命!"④ 又如,在《霍斯鲁国王与青年学子》中,当述及教育课目和内容时,国王要求贵族青年不但要精通书法、哲学、天文、历史和修辞学,还要善于骑射、角力和打马球,掌握使用狼牙棒和板斧等兵器的技艺,此外还要学会弹琴奏乐,参加歌咏比赛和棋类游戏等⑤。不言而喻,统治阶级是十分注重培养和造就下一代的。约写成于萨珊王朝末期的《阿尔塔伊·维拉夫》(意为"虔诚的维拉夫"),是一篇散文体的梦幻故事。作者试图通过对祭司维拉夫梦游天国和地狱的记述,向人们展示光明天国的无限美好和黑暗地狱的阴森可怖,进而达到劝善惩恶,坚定宗教信仰的目的。书中说宗教首领们因见世风日下,百姓对琐罗亚斯德教的教义和信条产生怀疑和动摇,于是决定挑选一名虔诚的祭司,让

---

① 见前引《巴列维语言和文学》,第 135—139 页。
② 见前引《文体修辞学》,第 1 卷,116、118 页。
③ 同上。
④ 见前引《文体修辞学》,第 1 卷,第 116 页。
⑤ 见前引《巴列维语言和文学》,第 191 页。

其灵魂到另一个世界去周游一番，顺便带回有关天国和地狱的信息，以消除正教徒心头的疑虑，并警告那些口是心非、阳奉阴违的怀疑论者。抽签的结果是维拉夫中选。当天夜里，他饮下一杯掺有印度大麻酚浸液的酒，只觉得头重脚轻，昏昏然进入梦乡。此时，他的灵魂出壳，飘然升起。在报信天使素鲁什和圣火之神阿扎尔的引导下，维拉夫的灵魂来至烈火熊熊的炼狱，目睹了淫乱男女、骗子手、饶舌妇、伪信者和诽谤之徒等被妖魔鬼怪和毒蛇猛兽折磨得死去活来的惨状。随后，维拉夫的灵魂经过"善思""善言"和"善行"三道关口，进入光辉灿烂的天国，见到笃信正教的善男信女，个个丰姿秀逸，笑逐颜开，享尽天国的清福。七日之后，维拉夫灵魂附体，从梦中苏醒过来。他当即请人将其梦游另一个世界的所见所闻忠实记录下来，以告诫世人好自为之，切莫鬼迷心窍误入歧途，免得来日灵魂遭受痛苦和煎熬①。

《阿尔塔伊·维拉夫》语言通俗，明白晓畅，在民间广为流传，产生了深远影响。伊斯兰时期它被翻译成波斯文和古杰拉蒂文，有的抄本中还附有精美的工笔画插图，活灵活现地描绘出另一个世界的情景，给人以难以磨灭的印象。今天看来，书中对于光明天国的描述，无疑向我们提供了有关当时社会结构和社会风貌的概况。在那些享福于天国的人们当中，乐善好施、笃信正教的善男信女（包括主持祭礼的高级祭司）被排在首要的位置，其次是以作战为己任的军人武士，接下去是负责宰割有害动物和管理水源的低级祭司，再后是从事耕作的农民，最后才是服侍达官显贵的奴仆。显然，因为他们所处的社会地位有别，所以在天国享受的待遇才不相同，这说明当时的阶级社会中存在着森严的等级制度。有的章节还提到牧民、族长、村长和负责管理坎儿井的农村法官，以及教师、调解人和流浪汉等，看上去就像是以村社为单位，以

---

① 参看米哈伊尔·伊·赞德《伊朗文学史上的光明与黑暗》，赫·阿萨德·普尔·皮兰法尔译，德黑兰，帕亚姆出版社1977年版，第16—18页。

自然经济为特征的封建农业社会。书中对于黑暗地狱的描绘,笔法酷似后来但丁的《神曲》,远比对天国的描述具体而形象。除了琐罗亚斯德教特有的罪行(如在进餐时讲话等)之外,还有一般的社会罪行,其中尤以妇女犯罪最为突出。甚至连涂脂抹粉,梳妆打扮,用他人的头发做头饰;说话尖酸刻薄,用语言伤害自己的丈夫和邻居;把丈夫买回来的肉食拿给外人吃;出于吝啬或肉欲,不让孩子吃饱或不给孩子喂奶等,全都成了妇女的犯罪,而给予惩罚[①]。不难设想当时的妇女地位是多么低下和卑贱。由此看来,《阿尔塔伊·维拉夫》虽然是一篇地道的宗教梦幻故事,但却不乏现实生活的内容,这正是巴列维语宗教著述的一大特征。

源自于《阿维斯塔》的《阿邦·亚什特》的《尤伊什特·法里扬的故事》,在劝谕性作品中显得新颖而别致。这则故事通过青年智者尤伊什特·法里扬与巫师阿赫特·贾杜加尔两人以猜谜语的方式展开的激烈角逐,宣扬了正视现实、积极入世的思想。文中除一般的劝谕之外,还提出与日常密切相关的若干数字谜语,如"能赋予尘世以生活和力量的什么东西有十条腿,三个脑袋,六只眼睛,六只耳朵,两条尾巴,三个雄性躯体,两只手,三个鼻子,四只角和三个脊背?"乍听起来谜语似乎很玄妙,其实答案非常简单,那便是"一个正在耕地的男子汉,和两头拴在犁上的公牛。"另一个颇为有趣的问题是:"极乐园是在这个世界,还是在另一个世界更好些?"聪明机智的尤伊什特·法里扬正确地答出"极乐园在这个世界更好些,因为人类生活在这个世界上,死后才能到另一个世界去。"而巫师阿赫特·贾杜加尔以前的对手,全都在这个看似简单的问题面前栽了跟头,他们总是理直气壮地回答说:"极乐园当然是在另一个世界更好些。"巫师听罢,爽快地言道:"既然你们认为那里更好些,现在就请诸位到另一个世界的极乐园去吧!"说完当即

---

① 见前引《巴列维语言和文学》,第157—165页。

将对手置于死地。就这样,总共有九千名祭司先后成了无辜的牺牲品。故事中说,琐罗亚斯德教信徒为此"举行了盛大的'亚斯纳'祭礼,由于过度饮用胡摩酒,他们每个人的身体都变黄了!"[①] 对正教徒如此地冷嘲热讽,岂不正是对他们忽视现实,消极出世观念的针砭?这在巴列维语著述中还是不多见的。

五

最后我们扼要地谈谈巴列维语文学的翻译作品。如前所述,伊斯兰初期二、三百年间,在伊朗曾出现一个规模空前的翻译运动,其时无以数计的巴列维语著述被翻译成阿拉伯文。在这场泽被后世、影响深远的翻译运动中,涌现出以伊本·穆加发(波斯人,原名鲁兹贝·达德维耶)为代表的大批翻译家。印度的寓言故事集《五卷书》,就是由伊本·穆加发从巴列维语翻译成阿拉伯文,改名为《卡里来与迪木乃》的。《五卷书》之闻名于世,靠的就是这个阿拉伯译本,8世纪中叶以后它先后被转译为希腊语、希伯来语、拉丁语、德语、西班牙语、意大利语、法语、英语,以及土耳其语和马来语等几十种东西方语言。伊本·穆加发的功劳远不止此,他还将前文提到的巴列维语名著《赫瓦塔伊·纳马克》翻译成阿拉伯文,定名为《波斯帝王传》。这部书不仅成为同时代阿拉伯语史学家修史的重要依据,而且于10世纪后被改写成各种文体的波斯语《王书》,其中艾布·曼苏尔的散文体《王书》则是菲尔多西的不朽之作——史诗《王书》所依据的重要资料来源之一。[②] 另外,伊本·穆加发还将巴列维语著述《礼仪大全》《朝廷品第》《马资达克传》《征战记》和《王冠》,以及由希腊传入的《逻辑学》和《三段论法》

---

① 见前引《巴列维语言和文学》,第142—143页。
② 见前引《伊朗史诗创作》,第58—73页。

等翻译成阿拉伯文。仅活了三十几岁的伊本·穆加发译著数量之多，确实令人吃惊，他被誉为伊斯兰初期伊朗最伟大的翻译家是完全当之无愧的。

在这期间，被陆续翻译成阿拉伯文的其他巴列维语文学作品，摘其要者还可举出由杰贝拉·萨莱姆翻译的《锡斯坦英雄传》《鲁斯塔姆和埃斯梵迪亚尔》《巴赫拉姆·秋宾》和《帝王肖像》[①]等；由佚名译者翻译的《霍斯鲁与希琳》《洛赫拉斯布传》《达拉与金偶像》《皮朗·维塞》和《沙赫尔·博拉兹》[②]等。所有这些著作虽已散亡，但在保留至今的同时期的史籍文献中却有关于它们或详或略的记述。另外有些文学作品，被从巴列维语翻译成阿拉伯文后又转译为达里波斯语，如从希腊传入的《亚历山大的故事》，从印度传入的《棋书》和《辛伯达传》，以及讲述英雄鲁斯塔姆后裔故事的《巴赫蒂亚尔传》等。再有，从安息王朝时期流传下来的民间爱情故事《维斯和拉明》，在11世纪初由法赫尔丁·阿萨德·埃斯梵迪亚尔直接改写成波斯语长篇故事诗。由此不难想见，巴列维语文学作品数量还是相当可观的，只可惜由于种种原因大都未能保存下来，这不能不说是伊朗古代文学的一大损失。

---

① 见前引《伊朗史诗创作》，第43—45、57页。
② 同上书，第45、48页。

第九章　帝王传奇中的神权观念

——巴列维语名作《阿尔达希尔·帕帕克的业绩》主题探讨

具有上千年发展历史的巴列维语文学①，与伊朗民族传统的宗教信仰——奉祀唯一、万能之神阿胡拉·马兹达的琐罗亚斯德教（又称拜火教，亦即袄教）关系极为密切。从某种意义上来说，不妨称巴列维语文学是以弘扬琐罗亚斯德教教义和哲理为主旨的宗教文学。正因为如此，作为巴列维语文学重要内容之一的帝王英雄传说，也只能在拜火神庙的圣坛下显现其文学职能。约写成于公元6世纪末7世纪初的《阿尔达希尔·帕帕克的业绩》（以下简称为《业绩》），就是这样一篇假歌颂帝王功德，以宣扬琐罗亚斯德教传统神权观念的传奇故事。

---

① 巴列维语又称中波斯语，是伊朗安息王朝（前247—224）和萨珊王朝（224—651）时期的通用语言，7世纪中叶阿拉伯人入主伊朗后的最初二、三百年间，仍为波斯人（尤其是琐罗亚斯德教信徒）所操的重要语言，直至9、10世纪才逐渐被上升为国语的达里波斯语（简称波斯语）取而代之。巴列维语文学内容相当丰富，主要包括富于哲理的宗教神话，为帝王歌功颂德的英雄传说，和劝善惩恶的箴言故事等。

《业绩》共分四章:《阿尔达希尔与阿尔达万》《阿尔达希尔与哈弗坦·布赫特》《阿尔达希尔与阿尔达万之女》和《阿尔达希尔与沙普尔》。每章均可单独成篇,内容上又相互关联,合起来便构成一个有机的整体。这种大故事里面套小故事的框架结构,乃是典型的东方式的故事表达形式。全文围绕着对主人公阿尔达希尔生平业绩的描述,层层展开情节,既有条不紊,丝丝入扣,又跌宕起伏,如潮汐涨落,读来趣味盎然。传奇的作者以巧妙的笔法,把当时流行的圆梦、占星和人命天定等迷信说教以及琐罗亚斯德教传统的君权神授思想,同有关萨珊王朝开国皇帝阿尔达希尔的脍炙人口的民间传说熔于一炉,使故事显得神奇浪漫而有意味蕴藉,不愧为是巴列维语文学的代表作。考虑到前伊斯兰时期伊朗的巴列维语文学著述由于异族的多次入侵和随之而来的兵燹之害而几乎散佚殆尽,这篇以传奇式的历史人物为描写对象的作品能保存至今,就越发显得弥足珍贵和值得研究。

顾名思义,《业绩》是以描述萨珊王朝创始人的生平功业为题材的。统观全文,主人公阿尔达希尔一生中主要立下了三大不朽功勋:一是推翻安息王朝末君阿尔达万的统治,建立起新的萨珊王朝;二是平定巨龙崇拜者哈弗坦·布赫特之乱,为结束诸侯割据、互争雄长的混乱局面奠定了基础;三是挫败安息王子和身为王妃的阿尔达万之女的复辟阴谋,保住了帝位,进而确认了王位继承人,为巩固和发展帝业创造了有利条件。在与穷凶极恶、阴险狡诈的顽敌的复杂斗争中,阿尔达希尔出生入死,历经磨难,表现出不屈不挠、勇往直前的钢铁意志和不达目的誓不罢休的英雄气概,他那种胜不骄、败不馁,既勇敢坚定,又足智多谋的优良品质和战斗作风,确实给人留下深刻的印象。然而,这篇帝王传奇的旨趣并非在此,而在于通过歌颂帝王的丰功伟绩,来宣扬琐罗亚斯德教传统的神权观念。只要循着主人公一生活动的轨迹,仔细体察文中的丰富内涵,我们就不难发现,《阿尔达希尔·帕帕克的业绩》的作者是通过以下三个层次,来深化和表现君权神授这个主题的。

一、为王之前,出现"应命之兆"

《业绩》第一章开头便写"帕帕克的梦",起笔就给人以神秘而奇异的感觉。法尔斯省督帕帕克一连三个晚上都梦见他家的牧羊人萨珊。头天夜里"梦见一轮红日出现在萨珊的头顶上端,闪耀着夺目的光彩,把整个世界照得通明。"①次日夜间,"梦见萨珊骑在一只披红戴绿的白象身上,臣民百姓纷纷跪倒在地,向他顶礼膜拜。"第三天晚上,"帕帕克又梦见萨珊的屋内熊熊燃烧着三堆圣火——那本是敬奉在三大拜火神庙中的神物,放射出万丈光芒。"从梦中醒来后,帕帕克好生诧异,急令圆梦者前来解说。只听他们中有人言道:"那三堆圣火分别代表三大社会阶层,即负责宗教事务的神职人员、军人武士、农民和手生业者。从梦中景象可以看出,社会各阶层民众对大王所梦见的人无不表示臣服和拥护。"有的则说"那光焰无际的太阳和披红戴绿的白象,是威严和胜利的象征",所以"大王梦中所见之人,或者他的子嗣,有朝一日必将皇袍加身,登基为王。"当帕帕克得悉萨珊原来出身王族,是先王达拉(阿契美尼德王朝末君大流世三世)的后裔,便对圆梦者之言更加深信无疑。于是,他主动把自己的女儿许配给萨珊。事过不久,阿尔达希尔降临人世。帕帕克认准这孩子将来必能成就一番事业,因而特招他为义子。

帕帕克的梦中出现"一轮红日",这很容易使人联想到琐罗亚斯德教的圣书《阿维斯塔》里讴歌和赞美的光明之神梅赫尔(又称密斯拉,

---

① 引文译自埃赫桑·亚尔沙泰尔:《古波斯神话与传说》,德黑兰,图书翻译出版社1958年版。下同,从略。

亦即印度吠陀语中的密特拉），他虽然不是太阳神，但与太阳的关系极为密切。《梅赫尔·亚什特》[①]颂神诗，就把这位神灵描绘成绚丽多彩的朝霞和灿烂似锦的夕照。[②] 歌颂梅赫尔神的诗中，在他前面常冠以"领有辽阔原野的"固定修饰语，意思是说梅赫尔神的万丈光芒普照大地，辽阔无垠的原野尽在他的怀抱之中，自然是他的统辖范围。看来早在先知琐罗亚斯德问世之前；作为伊朗雅利安人长期奉祀的主要神明之一，梅赫尔很可能就是原始社会末期伊朗部族的图腾祖先神兼保护神。随着原始社会向奴隶社会的转化，光明之神梅赫尔的地位有所下降，代之而起的是琐罗亚斯德教创立后新出现的"灵光"神。《扎姆亚德·亚什特》诗云[③]："我们赞美神主创造的凯扬灵光，那非凡的、为人称羡的灵光，那圣洁的、万能而敏捷的灵光，它凌驾于一切造物之上。"[④] 按照琐罗亚斯德的说法，"灵光"体现着神主阿胡拉·马兹达的福佑，对于世间人君来说，这种福佑无疑集中表现为神赐的王权。"凯扬灵光"意即"王者之灵光"，只有为王者才配享有，所以可将它视为神赐王权的象征，或者看作为王者的庇护神。[⑤] 这就是说，进入奴隶社会之后，原先作为部落全体成员祖先神和保护神的梅赫尔，嬗变为具有神秘宗教意义的"凯特灵光"，成了帝王个人的统治工具和精神保镖。由梦中出现在萨珊头顶上端的"一轮红日"，联想到"领有辽阔原野的"光明之神梅赫尔，进而联想到象征神赐王权的"凯扬灵光"，于是乎，就把梦中红

---

① 《亚什特》是现存波斯古经《阿维斯塔》六大部分之一。《梅赫尔·亚什特》为第10篇《亚什特》，共35章146节，是对伊朗雅利安人国家的庇护神，即光明与誓约之神梅赫尔的歌颂。
② 参看拙文《试论〈阿维斯塔·亚什特〉颂神诗》，载《外国文学研究集刊》第11辑。
③ 第19篇《亚什特》，共15章96节，名为土地神颂，实际上歌颂的是灵光。
④ 引诗根据贾利尔·杜斯特哈赫：《〈阿维斯塔〉——琐罗亚斯德教的圣书》，德黑兰，珍珠出版社1976年版。
⑤ 参看拙文《善恶·祥瑞·神权——〈扎姆亚德·亚什特〉剖析》，载《外国文学评论》1987年第2期。

日的出现视为"应命之兆",从而做出"大王梦中所见之人,或者他的子嗣,有朝一日必将皇袍加身,登基为王"的解说。这种基于传统宗教观念的习惯性联想,在我们看来似乎显得高深莫测,而对琐罗亚斯德教教徒说来,则是顺理成章,毫不足怪的。由此可见,作者对梦境中自然物象的表述,里面蕴含着神秘的传统宗教观念,若不具备有关琐罗亚斯德教的基本知识,恐怕很难悟出其中的深刻寓意。

文中还提到帕帕克梦见萨珊的屋内熊熊燃烧着"三堆圣火",这里面也很有讲头。按照琐罗亚斯德教的说法,神主阿胡拉·马兹达之子阿扎尔在尘世显形为三堆圣火:其一阿扎尔·法伦巴格,为宗教祭司奉祀的圣火;其二阿扎尔·古什纳斯布,为军人武士奉祀的圣火。[①]因此,阿扎尔被尊崇为圣火之神。圣火之神阿扎尔与象征神赐王权的"凯扬灵光"关系极为密切。《扎姆亚德·亚什特》第七章就有关于善本原阿胡拉·马兹达的代表阿扎尔、与恶本原阿赫里曼的代表阿日达哈克争夺"不易到手的"灵光的生动记述[②]。从中不难看出"马兹达之子"阿扎尔是象征神赐王权的"凯扬灵光"的保护神,换言之,亦即世间人君的庇护神。帕帕克"梦见萨珊的室内熊熊燃烧着三堆圣火",这无疑等于说萨珊(或其子嗣)是受圣火之神阿扎尔保护的。得圣火之神佑助者,乃社会三大阶层拥戴之王也!惟其如此,圆梦者才有"从梦中景象可以看出,社会各阶层民众对大王所梦见的人无不表示臣服和拥护"的解说。可见梦境中出现的神迹——三堆圣火,包蕴着琐罗亚斯德教传统的神权观念,是尘世间将出现为王者的"应命之兆"。

在帕帕克的精心关怀和培养教育下,阿尔达希尔读书习武,大有长进,"很快成为法尔斯地区遐迩闻名的人物"。十五岁那年,他应诏入

---

① 参看扎比霍拉·萨法博士:《伊朗帝制》,德黑兰大学出版社1967年版,第149页。
② 见前引贾利尔·杜斯特哈赫:《〈阿维斯塔〉——琐罗亚斯德教的圣书》,第289—299页。

宫,起初深得国王阿尔达万的宠爱,后因狩猎时与大王子发生口角,被贬为御马倌。这时,阿尔达希尔从与之相好的宫娥那里听说,占星术士有言道:"根据星相来推断,不久将出现一位新的国君,他在降服各地诸侯之后,将重新统一天下。"又说:"夜空中的星相表明,三日内从主人家逃出来的一个奴仆,将能战胜他的主人,进而登上国王的宝座。"怀有远大抱负的阿尔达希尔受到占星术士之言的启发和鼓舞,当即决定逃离王宫,另图大举,以展宏图。文中虽然没有明确指出是什么样的星相,但占星术之言与前述圆梦者的解说,意思完全一样,都是讲将有新君面世,因而出现"应命之兆"的。

和伊朗一样,我国古代也有诸如圆梦、占星等宗教迷信活动。《易经》就是研究"象"的著作。所谓观象知变,即通过各种各样的物象变化来推知事物的发展和吉凶祸福。从《易经》所举的物象来看,除日常生活所见者以外,还有包含神秘宗教观念意义的物象,如"飞龙在天,利见大人"(《周易·乾九五》),就含有圣君开国之意,即所谓"利见者,言大人宜于此时出见也"。《周易尚氏学》卷一)。在"纪百事之象,候善恶之征"的物占中,以龙、凤、麟等神物,即以图腾祖先神或其化身为征验或预兆的本事,大都与本部族的兴亡、安危和祸福有关,自然不乏圣君开国的内容。如夏之先人"禹平天下,二龙降之"(《瑞应图》残卷引《括地图》)。殷之先人"少皞挚之立也,凤鸟适止,故纪于鸟"(《左传·昭公十七年》)。西汉时期鼓吹天人感应神学目的论的董仲舒,提出所谓"符瑞"说:"天瑞应诚而至,书曰:'白鱼入于王舟,有火复于王屋,流为鸟'。此盖受命之符也"(《汉书·董仲舒传》)。后来发展起来的谶纬迷信,也大量散布有道明君受天命的预兆。纬书上说,圣君受命之时,天先出现祥瑞,如文王有赤雀之端,武王有白鱼赤鸟之瑞等。诸如此类荒诞无稽的迷信说教,与以图腾祖先神作为立国征验的特殊物占一脉相通,都是统治阶级神道说教思想意识的反映,这与《业绩》通过圆梦、占星的情节描写，来展示主人公为王之前即已出现带有神秘祥瑞观念的"应命之兆"，在本质上毫无区别，只是说法不同而已。

二、创业立国，享有"凯扬灵光"

安息国王阿尔达万得悉阿尔达希尔和宫娥一起逃离王宫之后，亲自率领四千铁骑，催马加鞭前去追捕。路过一座城池时，官兵向居民打听阿尔达希尔和宫娥的行踪，回答说："中午时分，有两个骑马人飞也似的从这里跑过去，还有一只形状奇特的羚羊紧跟在他们后面。"阿尔达万感到迷惑不解，询问那只羚羊出现是怎么回事。祭司长回奏陛下道："那只奇异的羚羊乃是神圣的灵光的变形，它象征天神的恩惠和佑助。国家的兴衰荣辱完全取决于有无灵光的福佑。"又马不停蹄地追赶了一程，官兵们听说那形状奇特的羚羊，已经骑到阿尔达希尔的马背上。阿尔达万不解其意，忙问这当中有何讲究。祭司长回禀道："这说明'凯扬灵光'已与阿尔达希尔合为一体了！在这种情况下，要想抓获阿尔达希尔，只能是枉费心机。"如前所述，琐罗亚斯德教认为"凯扬灵光"乃神赐王权的象征，与"凯扬灵光"合为一体者，亦即主权的属有者，他将得到神的福佑，因而是不可战胜的。这段描写再清楚不过地告诉人们，主人公阿尔达希尔与波斯古经《阿维斯塔》中记述的那些"凯扬灵光"属有者，诸如传说中伊朗卑什达德王朝的胡尚格、塔赫穆雷斯、贾姆希德、法里东和加尔沙斯布，以及凯扬王朝的凯·霍斯鲁、凯·古什塔斯布等帝王一样，[①]因为享有神明的福佑而将成为卓尔不凡、独步天下的国君。

阿尔达希尔推翻安息王朝末君阿尔达万的统治，登上帝王的宝座之后，各地仍是诸侯割据，称霸一方，觊觎王位者大有人在，其中尤以

---

① 见前引拙文《善恶·祥瑞·神权——〈扎姆亚德·亚什特〉剖析》。

卡贾兰地区新兴的巨龙崇拜者哈弗坦·布赫特势力最大，气焰也最为嚣张。阿尔达希尔决心剪除这个目无朝廷的地方君主，于是他先派出大军进剿，因遭敌人埋伏，以致全军覆没；后亲自领兵前去讨伐，不料又中敌人圈套，受到巨龙崇拜者的内外夹击，陷入进退维谷的境地。"就在阿尔达希尔走投无路，陷入绝境之际，神圣的灵光化作一头野驴出现在他的面前。只见那头野驴缓缓而行，走在前面为阿尔达希尔引路，使他安然通过地势险恶的隘口，摆脱了敌人的围追堵截。"这样，与部下走散的阿尔达希尔才得以死里逃生，幸免于难。后来阿尔达希尔采纳笃信琐罗亚斯德教的博尔兹兄弟献出的锦囊妙计，乔装打扮成霍拉桑巨商，设法打入敌人城堡，伺机杀死巨龙，终于平息了哈弗坦·布赫特之乱。不言而喻，阿尔达希尔之所以能平定叛乱，稳定政局，是与"凯扬灵光"的神助分不开的；否则，恐怕他早就成了巨龙崇拜者的刀下鬼了。

这里似应对"巨龙"形象的寓意作做进一步的探讨。《业绩》第二章开头用相当的笔墨来描写"神奇的蠕虫"。故事中讲哈弗坦·布赫特的女儿，在去城郊纺线的路上，拾到一个被风吹落的苹果，发现里面有一条蠕虫。得助于这条神奇的蠕虫，她纺的线又快又好，挣的钱也越来越多，不久哈弗坦·布赫特便成为闻名遐迩的大财主。后来，哈弗坦·布赫特因不满卡贾兰君主的横征暴敛，敲诈勒索，率领民众，奋起造反，一举夺得卡贾兰地区的军政大权。此时，神奇的蠕虫越长越大，竟变成一条巨龙。哈弗坦·布赫特凭借巨龙的淫威，远征近伐，不断扩大自己的势力范围，"一时间胜利的捷报频传，哈弗坦·布赫特声名大振，四方诸侯无不唯其马首是瞻。在巨龙的城堡内，缴获的战利品不计其数，掠夺来的金银珠宝堆积如山，耀武扬威的士兵到处可见"。这对刚刚登上王位的阿尔达希尔无疑构成了严重威胁，由此才引出阿尔达希尔发兵征讨巨龙崇拜者的故事来。

"蠕虫"在巴列维语中称作"卡尔姆",它还是一个部落的名字①。文中写这条蠕虫长成为一条巨龙,显然是喻指卡尔姆部落的发展壮大。此外,根据琐罗亚斯德教传统和《阿维斯塔》神话,巨龙的形象常常是以魔王阿赫里曼为首的邪恶势力的代表。如前所述,《扎姆亚德·亚什特》就有关于名字中含有"巨龙"意思的妖魔阿日达哈克代表恶本原阿赫里曼,与代表善本原阿胡拉·马兹达的圣火之神阿扎尔争夺灵光的记载。巴列维语中的"阿日达哈克",是个复合词,由意为"蛇,或龙"的"阿日",和意为"十大缺陷"的"达哈克"组合而成,整个意思是"有十大缺陷的龙",亦即"狰狞可怖的巨龙"②。在《阿维斯塔》颂诗中他被描绘成巨妖:"法里东击败阿日达哈克——生着三张嘴巴、三个脑袋和六只眼睛,且有上千种形体变化的妖魔。那妖魔极其虚伪,力大无穷,是阿赫里曼为损害尘世和扼杀真诚,而特意制造出来的罪恶的元凶!"③颂诗另外还有关于巨龙的描写:"加尔沙斯布力斩头上生角的巨龙——那遍体流脓的怪物,有上千个肚子、鼻子和脖子。它喷出的黄色毒液高过梭镖,吞噬的人和牲畜不计其数!"④由此可见,在古波斯人传统的宗教观念中,巨龙乃是邪恶势力的化身。文中把哈弗坦·布赫特描写成巨龙崇拜者,也就是说他是邪恶势力的帮凶和走卒。从反面来看,与巨龙崇拜者做斗争的阿尔达希尔,则同传说中伊朗的帝王英雄法里东和加尔沙斯布一样,是虔诚信奉善神阿胡拉·马兹达的信徒,必然得到象征神赐王权的"凯扬灵光"的神佑。这正是传奇作者引述古老的民间传说所要表达的真实意图。

---

① 见巴赫拉姆·法尔瓦尔丁:《巴列维语词典》,德黑兰大学出版社1979年版,第320、82、127页。
② 同上。
③ 见前引贾利尔·杜斯特哈赫:《〈阿维斯塔〉——琐罗亚斯德教的圣书》,第296页。
④ 同上。

当阿尔达希尔得助于显形为野驴的"凯扬灵光",摆脱困境,孤身一人来到博尔兹兄弟家投宿时,他的情绪十分低落,愁肠百结,不思饮食。在餐桌上,笃信琐罗亚斯德教的主人劝慰客人说:"你不必过分忧伤。神主霍尔莫兹德①和众神祇总归是要惩罚他们的。阿赫里曼带来的灾难绝不会持续长久!君不见昔日阿拉伯的扎哈克,突朗的阿弗拉西亚布和希腊王亚历山大,虽曾骄横跋扈,猖獗一时,到头来还不是因亵渎神明而身败名裂,落得遗臭万年的下场!"听到这里,阿尔达希尔舒展双眉,精神豁然开朗,开始吃起饭来。上面提到的阿弗拉西亚布,也就是《扎姆亚德·亚什特》记述的那个三次下水追逐灵光而未遂的突朗彪形大汉②。因为他是非伊朗部族的首领,不信奉神主阿胡拉·马兹达,所以与象征神赐王权的"凯扬灵光"无缘。至于阿拉伯的扎哈克(亦即前面所说的阿日达哈克)和希腊王亚历山大,全都是非伊朗部族的首领,自然也不配享有"凯扬灵光"的神佑。博尔兹兄弟这一番典型的琐罗亚斯德教的高论,之所以能使遭受挫折的阿尔达希尔重新振作起来,正是因为他们把巨龙崇拜者哈弗坦·布赫特归入代表邪恶势力的阿弗拉西亚布等人的行列,视其为一丘之貉。这样,阿尔达希尔便在暂时失利中见到了光明和希望,从而坚定了必胜的信念。

安息国王末君阿尔达万被推翻之后,阿尔达希尔如愿以偿,荣登帝王宝座,他将阿尔达万之女纳为妃子。过了一段时间,流亡在喀布尔的两位安息王子秘密写信给身为王妃的妹妹,极力煽动她"为死去的父亲和其他亲属报仇雪恨!"扬言只要她设法毒死阿尔达希尔,就能夺回失去的王权。阿尔达万之女读罢来信,心中燃起复仇的烈焰,决意置新即位的国王于死地。这天,阿尔达希尔狩猎归来,感到又饥又渴,急着叫人赶快准备酒菜。阿尔达万的女儿认准这是下手的好机会,便偷偷地

---

① 巴列维语词,亦即波斯古经《阿维斯塔》中的阿胡拉·马兹达。
② 见前引拙文《善恶·祥瑞·神权——〈扎姆亚德·亚什特〉剖析》。

把毒药、面粉和白糖搀和在一起，倒入凉水，搅拌均匀后，递给阿尔达希尔。只听她柔声细气地说道："大王怪口干舌燥的，不妨先喝了这杯甜面羹解解渴，然后再进餐不迟"。阿尔达希尔伸手接过杯子，举到嘴边，刚要一饮而尽，就在这刹那间，法尔斯拜火神庙的守护天使化作一只红色的老鹰，突然自天而降，用它那有力的翅膀，一下子将阿尔达希尔手中的怀子打翻在地！此时，恰好从门外跑进一只狗和一只猫来，用舌头舔食洒在地上的甜面羹，随即倒地死去。王妃谋害国王的阴谋败露，阿尔达希尔下令将她拖出宫外斩首。一般认为，文中提到的拜火神庙的守护天使喻指圣火之神阿扎尔；有的学者则不以为然，说此处的红老鹰与《扎姆亚德·亚什特》中灵光所变的雄鹰[1]暗合，故应视其为象征神赐王权的"凯扬灵光"的化身。联系文中阿尔达万之女和她的兄弟妄图杀君报仇、复辟夺权的举动来看，此说似乎不无道理。总而言之，无论夺取政权，还是平定内乱和执掌朝政，阿尔达希尔都离不开神圣的"凯扬灵光"的福佑，他奋斗一生，立下的丰功伟绩，无不是"凯扬灵光"的神助使然。每当阿尔达希尔处于危难时刻，神圣的灵光都及时显形相助，这再次说明，得"凯扬灵光"之助者得主权，得神赐王权者必将功成名就，流芳百世。

三、执掌朝政，喜得神赐骄子

王妃阿尔达万之女因谋害阿尔达希尔未遂，被拖出宫外处以极刑。路上，她哭哭啼啼地告诉祭司长说，自己已怀有七个月的身孕，"如果说我犯下不可饶恕的罪行，那我腹中的胎儿又何罪之有？"闻听此言，祭司长觉得不无道理，便返回宫去禀报国王陛下。阿尔达希尔正在气头上，哪里听得进去这话，执意要处死王妃。祭司长料定国王事后必

---

[1] 见前引拙文《善恶·祥瑞·神权——〈扎姆亚德·亚什特〉剖析》。

将懊悔，所以擅自做主，把王妃藏在自己家里。数月后，阿尔达万之女临盆分娩，生下王子沙普尔①。在一次狩猎中阿尔达希尔看到"不会说话的野驴"竟能相互关照——公驴情愿舍身救护母驴，母驴又情愿舍身救护幼驴，因而深受感动，不禁联想起自己盛怒之下，草率处决了怀孕的王妃，连母腹中无辜的胎儿也未能幸免。为此，他深感内疚，懊悔不已，不由得失声痛哭起来。这时，祭司长闻讯赶到现场，上前启奏国王，把他违背圣旨，私自将王妃隐匿家中，生下王子沙普尔之事，从头至尾述说一遍。阿尔达希尔闻听，喜出望外，非但没有责怪祭司长，反而令人取来珍珠、翡翠和玛瑙等珍贵物品，予以重赏，并"再三拜谢神主霍尔莫兹德，阿姆沙斯潘丹，神圣的灵光和圣火之神"。笑逐颜开的阿尔达希尔"下令修造一座新城，命名为'瓦拉什·沙普尔'，城内修筑十座拜火神庙，以纪念天神对他的恩赐"。不消说，王子沙普尔的诞生显然是祭司长出来保护犯了死罪但却怀有身孕的王妃的结果。这样写，自然有突出宗教祭司作用的一面，但从本质上看，作者的意图主要还是说明帝王的子嗣完全出于神意的安排，而不为人的意志所左右。即使像阿尔达希尔这样功绩卓著的有道明君，也掌握不了自己后代的命运，他只能顺从天意，欣然接受神的恩赐。不仅君权是神授的，就连国王的子嗣也是神赐予的，这一点在第四章讲述的故事中就表现得更加明显。

　　阿尔达希尔在位期间，各地诸侯叛乱此起彼伏，尽管他东征西讨，连年作战、仍然不能彻底平息内乱，实现一统天下、国泰民安的理想。忧虑不安的阿尔达希尔，决定派人去请教睿智的印度仙人，问问"阿尔达希尔最终能否战胜所有的王位觊觎者，进而统一整个伊朗"？得到的答复是："统一伊朗的国君必将出自两个家族的联姻——阿尔达希尔立刻想起那背信弃义的梅赫拉克，曾在他出征受挫时发动兵变，后被处决的事来。只听他断然说道："我们家族怎么能与梅赫拉克家族结亲?!

---

① 沙普尔，意为国王之子。

说什么也不能让与叛贼家族沾亲的人成为伊朗的国君！"阿尔达希尔当即派人奔赴各地搜捕梅赫拉克家族成员，"意欲斩草除根，杜绝后患"，梅赫拉克的女儿刚满三周岁，她被护送到一户农民家里抚养。数年后，梅赫拉克之女一长大成人，出落得如花似玉一般。这天，英俊的王子沙普尔外出狩猎，"出于神意的安排"，归途中他恰好与梅赫拉克之女在乡间井边邂逅相遇，两人一见钟情，很快结为夫妻，生下一个男孩，取名叫霍尔莫兹德。七岁的小霍尔莫兹德这天正在王官广场上做打马球的游戏，引起路过那里的阿尔达希尔的注意，经询问方才得知这个活泼可爱的小男孩，竟是他自己的孙子！沙普尔王子见秘密已经泄露，只得把事情的原委如实禀报父王。阿尔达希尔听后，说道："孩子呀！这就是你的不对了，既然你有这样一个既聪明、又勇敢，而且非常漂亮的儿子，为什么要长期瞒着我呢？七年了都不哼一声。有这么好的儿子是值得引以自豪的！印度仙人早就预言过，伊朗王国将由于我们家族和梅赫拉克·努什扎丹家族的联姻而得到巩固和发展。天意如此，你我岂能违抗？！"言罢，阿尔达希尔"再三拜谢众神灵的恩赐"。后来，"霍尔莫兹德继承王位，执掌朝政，在从印度到罗马的广袤千里的国土上，他的命令畅达无阻"。

　　从文中不难看出，起初阿尔达希尔生怕梅赫拉克的子嗣有朝一日得势，卷土重来，为报杀父之仇而加害于他的子孙后代，所以他采取满门抄斩，株连九族的严厉措施，以杜绝后患。然而，他的所作所为与代表天意的印度仙人的预言相悖。遂不能如愿。王子沙普尔和梅赫拉克之女的结合，却是"出于神意的安排"。阿尔达希尔后来见孙子霍尔莫兹德长得逗人喜爱又联想起早先印度仙人的预言，这才认识到"天意如此，你我岂能违抗？"于是他也只得遵从神意的安排，"再三拜谢众神灵的恩赐"。总之，事情的发展，完全应验了印度仙人的预言。阿尔达希尔喜得神赐子嗣，使王位的传承得以后继有人，作者这样写，无非是要强调说明不仅阿尔达希尔的王权是神授的，而且神授的王权还是世袭的。反过来说，即使非王室家族成员妄图篡夺王位，那只能是白日做梦，痴心妄想。《历史长篇》①记述了这样一则故事：非王族出身的武将巴拉姆·秋宾与萨珊国王帕尔维兹（即霍斯普二世）争夺王位，被击败后逃到一个小乡村，投宿在一个老媪家里。他取出随身携带的食物充饥，吃完后把剩余的食物赏给老媪。他又取出自己的酒，向老媪借酒杯，老媪没有酒杯，拿出一个葫芦，切去盖子，以为酒器。酒后吃糖果，也没有盛的东西，老媪取出一个筛子顶替。巴赫拉姆仍以剩余的酒和糖果赏赐老媪，并向她打听外面的消息。老媪言道："我听说国王从罗马调来军队和巴赫拉姆打仗，终于取得胜利，恢复了疆土。"巴赫拉姆问道："你可知巴赫拉姆是什么人？"老媪回答："不过是个愚蠢的傻子，自己不是王族的人，却自称国王！"巴赫拉姆说："因为他不是王族，所以才以葫芦为酒杯，以筛子盛糖果！"②就连普通的乡村老媪都认为非王族出身的人，不能为王，足见《阿尔达希尔·帕帕克的业绩》所宣扬的君权神授和王位世袭的思想在萨珊王朝时期是何等地深入人心。

据史籍记载，巴赫拉姆·秋宾是萨珊国王霍尔莫兹德四世（579—590）的大将军，他奉旨前往格鲁吉亚迎战东罗马拜占庭军队，因失败而被免职；后在亚美尼亚拥兵自立，意欲夺取王权。霍斯鲁二世（590—628）上台后，自觉不敌巴赫拉姆，遂逃拜占庭求援。他在东罗马皇帝支持下，归国复位，平息了巴赫拉姆之乱。6、7世纪之交的萨珊帝国，由于长期对外战争和国内诸侯叛乱，国力日渐衰微；宫廷显贵奢侈豪华，挥霍无度，对百姓课以重税，横征暴敛，闹得民不聊生，怨声载道。在这种内外交困，危机四伏的历史背景下，祭司文人编写出

---

① 作者为阿布、哈尼法·阿赫迈德·本·达乌德·丁纳瓦里（殁于公元895年），阿拉伯语史学家。

② 见艾哈迈德·爱敏：《阿拉伯—伊斯兰文化史》第一册（黎明时期），纳忠译，商务印书馆1982年版，第120页。

帝王传奇《业绩》，其目的显然是要借歌颂先王的功德，以宣扬君权神授的"永恒真理"。当时的统治阶级妄图乞灵于上天的神助，以弥补其强力之不足。然而，日暮途穷的萨珊帝国已经病入膏肓，无论怎样挣扎，也难以挽救它败亡的命运。7世纪中叶，曾盛极一时的萨珊王朝终于被新兴的笃信伊斯兰教的阿拉伯人所灭。

应该指出，《业绩》所着力宣扬的君权神授论，绝不是萨珊王朝御用文人的独创。这种为统治阶级神道说教服务的理论，乃是古波斯历代君主赖以维持王权的精神支柱。如果说早在阿契美尼德王朝（前559—前330）诸帝王的岩石铭文和陵墓浮雕上，君权神授的观点就有所反映的话，那么到了萨珊王朝时期（224—651）这种神权观念就随着琐罗亚斯德教被奉为国教而愈演愈烈，达到无以复加的地步。

萨珊王朝创始人阿尔达希尔（224—241在位），祖辈几代都是法尔斯地区的君主兼宗教首领。他的父亲（一说是外祖父）帕帕克，所建立的地方政权，素有"祭司朝廷"之称。在帕帕克铸造的钱币上，镌刻着拜火神庙的正门和四角旗的图案，一位系着帕纳姆[①]头巾的国王，毕恭毕敬地立在门旁——这是地方王朝笃信琐罗亚斯德教的显证。夺取全国政权之后，阿尔达希尔继承先王的衣钵，竭力维持朝廷和琐罗亚斯德教祭司的密切合作。他启用宗教首领坦萨尔兼任宫廷大臣、到处修筑拜火神庙，并把琐罗亚斯德教定为国教。流传至今的巴列维语经典《阿维斯塔》，也是在他授意下，由祭司们加以收集，整理和编写而成的。被译为阿拉伯文的《阿尔达希尔的誓言》中，他自称为"祭司兼国王"。这位虔诚敬神的国君，在其铸造的硬币上写道："造物主马兹达的崇祀者、王中之王阿尔达希尔，乃神之骄子。"[②] 由此看来，帝王传奇的作者

---

① 帕纳姆，古波斯琐罗亚斯德教教徒祈祷时所系的头巾。
② 转引自穆罕默德·塔吉·巴哈尔：《文体修辞学》，德黑兰，阿米尔·卡比尔出版社1958年版，第11页脚注。

把阿尔达希尔选为描写的对象，不是没有缘由的。

在法尔斯省塔赫特·贾姆希德附近的纳格什·鲁斯塔姆，至今尚可见到岩石镌刻的浮雕，其中多属于沙普尔一世（242—272）时期的故物。这些岩石浮雕的重要主题之一，是表现神主霍尔莫兹德授予国君以王冠。浮雕上有这样的画面：国王和神主霍尔莫兹德面对面地骑在马上，两匹骏马，形状全然相同。除了特有的标志和头饰之外，神主和国王的形象几乎完全一样。这种使得国王似乎是神主之复本一般的严格对称的安排，充分显示出这个专横而虔敬的王朝的神权观念。据专家考证，纳格什·鲁斯塔姆岩石浮雕上的国王，就是鼎鼎大名的阿尔达希尔。

同一题材的岩石浮雕，在沙普尔旧城遗址也有所发现，上面所雕的是巴赫拉姆一世（273—277）①正从神主霍尔莫兹德手中接受王冠。这里两匹马没有过于接近，也不像上述浮雕中的神主和国王那样同时持冕，而是神主将王冠递过去，国王则以谦恭的态度伸手去接。诸如此类的庄严凝重的"授冕图"，再次雄辩地表明，《业绩》所宣扬的君权神授思想，不但古已有之，而且相当的普及。联系到影响极为深远的波斯古经《阿维斯塔》中屡次出现有关象征神赐王权的"凯扬灵光"的颂扬，且有专门讴歌"凯扬灵光"的《扎姆亚德·亚什特》篇，我们说君权神授的观念，构成前伊斯兰时期波斯人心理特征的本质和伊朗传统文化的要素，大概并不过分。

有关阿尔达希尔的巴列维语传说故事得以流传下来，成为伊斯兰初期伊朗文学创作的宝贵素材。伟大诗人菲尔多西（935—1020）的不朽之作《王书》中，就有关于阿尔达希尔国王生平业绩的描述。从对《王书》与《业绩》的比较中可以看出，君权神授的思想不仅被保持下来，而且得到丰富和发展。只要翻阅一下《王书》里有关象征神赐王

---

① 巴赫拉姆一世，即沙普尔一世之子霍尔莫兹德。

权的"灵光"的描写，我们就可以断定，起码在伊斯兰时期最初的二、三百年间，古波斯人以君权神授为核心的传统文化心理，非但没有因异族的入侵而削弱，反而为了适应振奋民族精神、争取民族独立的历史需要得到了巩固和加强。

第十章　颂老少英雄，成千古绝唱

——读巴列维语名篇《缅怀扎里尔》

一

带有浓厚的琐罗亚斯德色彩的巴列维语文学①著述，由于异族的多次入侵和随之而来的兵燹之害，而几乎散失殆尽。在保存至今，弥足珍贵的古波斯文学作品中，享有第一篇英雄叙事诗之誉的《缅怀扎里尔》，堪称是思想性和艺术性兼优的佳作②。

《缅怀扎里尔》是在民间口头创作的基础上，经过世代人的口耳相传，发展演变，后于公元5世纪末6世纪初定型的。据法国学者邦弗尼斯特（Benveniste）考证，《缅怀扎里尔》原为安息王朝时期（前247—224）的民间叙事诗，到萨珊王朝（224—651）后期，经祭司文人插手篡改，加入若干解释性的词句，以致长期以来被误以为是散文著作；

---

① 又称中波斯语。它包括安息巴列维语和萨珊巴列维语。伊斯兰初期二、三百年间，仍有部分伊朗人操这种语言。公元10世纪后达里波斯语（即新波斯语，或简称波斯语）取代巴列维语，成为伊朗的通用语言。
② 参看扎比霍拉·萨法博士《伊朗史诗创作》，德黑兰，阿米尔·卡比尔出版社1973年版，第42、112页。

其实，只需将后加的衍文剔除，便不难还其叙事诗的本来面貌。邦弗尼斯特进而指出，这篇安息时期的民间叙事诗，是根据阿契美尼德王朝时期（前559—前330）伊朗东北部流传的一则古老的爱情故事改编而成的①。

按照公元 3 世纪希腊史学家阿泰内厄（Athenee）的说法，这则故事中的男主人公名叫扎里亚德雷斯，女的名叫奥达蒂丝。他们俩各自在梦境中与对方相会，一见钟情；但却都不知梦中所见之人家住哪里，今在何方。在强烈的爱情驱使下，这对男女历经磨难，四处寻找自己的心上人，而始终未能遂愿。一次偶然的机会，使他们在宴会上邂逅相遇。两人一见如故，彼此倾诉衷肠，结果是有情人终成眷属。这则优美的爱情故事，在当时广为传播，家喻户晓。人们曾将故事内容绘制在寺庙、宫殿、乃至住家的墙壁上。足见其多么令人喜爱。正是这位爱情传说中的风流人物扎里亚德雷斯，后来演变成长篇叙事诗《缅怀扎里尔》所讴歌和赞美的伟大英雄。

值得注意的是，扎里尔的名字还见之于波斯古经《阿维斯塔》，比如，《阿邦·亚什特》②第二十六章第一百一十二至一百一十三节就提到"全副披挂的扎里尔"，向阿娜希塔"供奉百匹马、千头牛和万只羊"，虔诚地祈求江河之女神保佑他"在辽阔无垠战场上，击败伪信者阿尔贾斯布，战胜崇拜妖魔的胡马亚卡——他手持长钩，在八个洞穴里住。"③ 显然，颂神诗中所描绘的扎里尔，丝毫也没有民间传说中那位男主角的身影，而是一位笃信正教、虔诚敬神的信徒，和为伊朗雅利安人部族的生存和发展而奋战的勇士。《阿维斯塔》中扎里尔被称作"扎里尔·瓦伊

---

① 参看扎比霍拉·萨法博士《伊朗史诗创作》，德黑兰，阿米尔·卡比尔出版社 1973 年版，第 42、112 页。
② 第五篇《亚什特》，共 30 章 133 节，是对司江河的女神阿娜希塔的赞颂。
③ 参看贾利尔·杜斯特哈赫《〈阿维斯塔〉——琐罗亚斯德教的圣书》，德黑兰出版社 1976 年版，第 164 页。

里"，原意为"金制的铠甲"，似可引申为"全副披挂"之意。扎里尔的名字前面常冠以"阿斯帕尤扎"的固定修饰语，意为"骑战马者"。[①] 把这两部分合并起来，便是"全副披挂的骑士"。联系前面的引诗，我们就不难想象出这位部落酋长或部落联盟的军事首长那飒爽英姿、踌躇满志的风采！但在后出的叙事诗《缅怀扎里尔》中，他却被描绘成一位指挥千军万马，英勇杀敌的伊朗军事统帅，一位为捍卫民族信仰和国家独立而光荣献身的英雄。由此看来，扎里尔这个人物形象的形成，经历了一个长时期的历史演变过程。

《缅怀扎里尔》之所以定型于公元5、6世纪之交，是与当时的社会历史背景分不开的。萨珊王朝后期的伊朗朝廷，一方面与东罗马拜占庭帝国互争雄长，为控制战略要地亚美尼亚而大动干戈，另一方面还要抵御和抗击东北部鞑靼人和西突厥人的不断入侵；与此同时，国内又爆发了大规模的农民运动。即以反对正统的琐罗亚斯德教为表现形式的马资达克起义(488—529)。在这种人民内外交困、危机四伏的严重形势下，萨珊朝廷首先采取措施平定了人民起义，继则开始实行了一系列政治和经济改革，以求巩固和加强受到剧烈震撼的统治秩序。不言而喻，以颂扬为祖国和民族信仰而战的伊军将士为题材的《缅怀扎里尔》，在此时应运而生的客观上是完全符合统治阶级内外政策的。指出这一点，并不意味着要否定或贬低这篇英雄叙事诗的文学价值和美学意义；恰恰相反，倒是应该给予认真的研究和分析，以区分其精华和糟粕，引为我们的借鉴。

---

① 见前引《伊朗史诗创作》，第594—595页。

二

《缅怀扎里尔》是一曲洋溢着爱国主义激情的英雄乐章。它记述了传说中的伊朗与邻国希翁①，因宗教信仰分歧而发生的一场大规模的战争。作者通过对战争起因、战争动员、战争经过和战争结局的生动描绘，集中讴歌了国王凯·古什塔斯布的兄弟伊军统帅扎里尔，为坚持琐罗亚斯德教的信仰，为捍卫国家的独立和尊严，而奋勇杀敌，以身殉国的英雄壮举；热情赞扬了以扎里尔的幼子巴斯塔瓦尔，老臣贾马斯布之子旗手格拉米·卡尔特和王子埃斯梵迪亚尔为代表的伊军将士浴血奋战、全歼敌军的大无畏英雄气概；同时对希翁国君阿尔贾斯布及其将领维德拉弗什骄横跋扈、阴险狡诈的丑恶嘴脸，做了无情的揭露和讥讽，因而深刻地表达了这样一个主题：为祖国荣誉和民族信仰而战必胜，暴戾恣睢、倒行逆施者必败！

作为巴列维语文学的代表作，《缅怀扎里尔》在情节安排和人物刻画上都很有特色，它以伊朗和希翁之间的战争为主线，以颂扬扎里尔父子为代表的老少英雄的"忠"和"勇"为旨趣，写得既层次分明、井然有序；又跌宕起伏，变化莫测，显示出高超的艺术技巧。

诗一开头，首先简明扼要地交代了战争发生的背景和缘由。相传古时候，占什塔斯布国王在位期间，伊朗第一位先知琐罗亚斯德降临人世。他到还传播信奉智慧、万能之神霍尔莫兹德（阿胡拉·马兹达）的正教，号召人们弃暗投明，积极投入"抑恶扬善"的伟大斗争，以拯救被恶魔阿赫里曼破坏和玷污了的世界和人类的灵魂。在古什塔斯布国王的大力赞助和支持下，臣民百姓纷纷改信琐罗亚斯德创立的新教。

---

① 传说中伊朗高原以东中亚地区的突厥国家。

希翁国君阿尔贾斯布得悉伊朗举国上下全都背弃了传统的古代信仰，不禁勃然大怒，认为此乃大逆不道之学，必须给予严厉制裁。于是，他当即令人修书一封，并指使部将维德拉弗什·塔布斯特和纳姆哈斯特两人率领铁骑两万，火速奔赴伊朗，向古什塔斯布宫廷提出严重警告。扬言若不及早改弦更张，幡然悔过，抛弃对霍尔莫兹德的信仰，"到时候，就将举兵讨伐伊朗，杀得你们流离失所，家破人亡！[①] 到时候，就在伊朗伐树点火，烧得你们鬼哭狼嚎，焦头烂额！"希翁国君阿尔贾斯布的嚣张气焰和武力要求，激怒了在座的伊军统帅扎里尔，但见他火冒三丈，挺身而出，唰的一声抽出明晃晃的利剑，恨不能当场结果希翁的两名来使。他代表伊朗义正词严地回绝了敌国的无理要求："琐罗亚斯德教我们绝不放弃，也绝不会屈服于威胁和压力，而与你们同流合污，称其道弟！"对希翁国君视伊军将士如草芥的狂妄态度，扎里尔更是难以容忍，请听他铿锵有力、掷地有声的回答：

　　休得口出狂言，自吹自擂，
　　来日战场咱们再分高低。
　　看刀光剑影，战马嘶鸣中，
　　虔诚敬神的正教徒，
　　怎样把魔鬼崇拜者杀得一败涂地！

诗刚展开，就矛盾激化，如狂涛骤起。希翁一方率先提出挑战，来势汹汹，咄咄逼人；伊朗一方出于维护民族尊严，被迫坚决应战，保家卫国，抵御外侮。于是，一场由宗教信仰分歧而导致的战争势在必发。诗人犀利的笔锋，通过对挑战和应战场面的具体描绘，入木三分地触及

---

① 本文引诗根据《伊朗史诗创作》有关部分，并参考埃赫桑·亚尔沙泰尔《古波斯神话与传说》译出。

到这场战争的实质。从字里行间我们不难看出，挑起战争的罪魁祸首是希翁国君阿尔贾斯布。他无理要求伊朗改变其民族信仰，粗暴地干涉别国内政，妄图把自己的意志强加于人，并以武力相要挟，这显然是非正义的强盗行径。伊军统帅扎里尔面对强敌，毫无惧色，为捍卫民族信仰和国家主权毅然接受挑战，则是义不容辞，完全正当的。这就从根本上决定了站在正义一边的伊朗，最终必将赢得这场战争的胜利。

　　接下去，写伊朗统帅扎里尔奉旨备战，立即进行全国总动员："所有男子务必在两个月内赶到古什塔斯布王宫集合，无论他是刚满十岁的稚童。还是已经年逾八旬的长者。"时间没过多久，各地作战人员从四面八方，陆续赶到王城，汇集成一支浩浩荡荡的大军。这日，伊军统帅扎里尔神采奕奕地乘坐华美的彩舆，检阅各路部队。军号声中，只见"大象队、骆驼队和战车队，队队行行威武而雄壮。将士们高擎斧铖，腰挂箭囊，钢盔铁甲闪耀着金光"。演兵场上，"呐喊声四起，直冲霄汉，整个大地在战士脚下发颤！尘土飞扬，道路难以分辨。河里流水变得混浊不堪，惊弓之鸟认不得窝巢，误落岩石、马首和枪尖，天昏地暗不知白昼还是夜间！"如此气吞山河、雄伟壮观的阅兵场面，充分显示出伊军将士同仇敌忾、誓歼顽敌的豪迈气魄，和齐心协力、保家卫国的昂扬斗志。

　　照行文气势，以下似乎应该描写伊军将士如何驰骋疆场，如何英勇杀敌，但诗人没有江河直下，顺势引发，而是压住潮头，另起波澜。大战前夕，当人马和武器准备齐全之后，国王吉什塔斯布召见睿智的老臣贾马斯布，想听听他对这场战争有何预见。国王先把贾马斯布夸奖了一番："老爱卿见多识广，精于卜算，能知何时降甘霖，落地共有几多雨点，能知何时鲜花怒放，开在白昼抑或夜晚，能断定空中的浮云，哪一朵播雨浇灌农田。"贾马斯布上通天文，下知地理，能掐会算，料事如神，他对这场战争的结果自然是了如指掌的。国王接着问道：

"呵，无比智慧的老爱卿，对来日交锋你早有预见，何必守口如瓶，秘而不宣？照直说吧！孤王的亲骨肉中，哪个将血洒疆场，光荣献身？哪个将痛歼顽敌，胜利凯旋？"老臣见问，欲言又止，显出勉为其难的样子。他踌躇再三，只好先请求国王以神主霍尔莫兹德的灵光，以教主琐罗亚斯德的名义，以统帅扎里尔的生命起誓，无论听到什么预言，都不怪罪和加害于他，这才声调凄婉地开口言道："明日阵前双方激战一场，几多慈母将失去儿郎，几多幼子将失去爱父，几多贤妻不见夫归泪汪汪，又有多少战马因失去主人，而在乱军中横冲直撞?!"最令老臣感到不安和痛心的是，他必须道出明日一战，国王的亲属中，至少有二十三人将惨遭不幸，献出自己宝贵的生命！就连国王的兄弟、声名显赫的伊军统帅扎里尔，骁勇善战的名将帕德·霍斯鲁和王子弗拉什·阿瓦尔德也将以身殉国！听到这里，国王吉什塔斯布不由得怒发冲冠，拍案而起。他纵身跳下御座，"左手执刀，右手持剑，疾步冲到贾马斯布跟前"，声色俱厉地吼道："你这该死的巫师，好大胆！竟敢在此信口开河，满嘴胡言，若不是孤王曾立下誓约，定叫你人头落地，一命归天！"

古什塔斯布国王何以如此大动肝火？他对老臣贾马斯布的态度，何以前后判若两人，发生如此急剧的变化？可想而知，此时此刻国王的心情，恐怕和有难言之隐而踌躇再三的老臣的心情一样，都不忍看到无以数计的伊军将士流血牺牲，尤其不忍看到伊军统帅扎里尔等王室成员战死沙场。可是，要想打赢这场战争又非付出重大的代价不可。怎么办？到底打还是不打？这时国王显得有些举棋不定，而伊军统帅扎里尔虽然明知来日出战凶多吉少，但他仍像最初接受挑战时那样，大义凛然，无所畏惧，表现出为了祖国的安宁而置个人生命于不顾的献身精神，和不战则已，战则必胜的坚定信念。"明日交战我将一马当先，痛歼希翁顽军一十五万！"这就是扎里尔发出的钢铁般的誓言。在他的带动下，其他几位王室成员也纷纷表示誓与敌人血战到底，不获全胜，决不收兵！众将领以身许国的豪言壮语，视死如归的英雄气概，终于使犹豫不决的古什塔斯布国王下定了决心，当从老臣贾马斯布那里听说希翁一百三十一万大军将全部被歼灭之后，他精神为之一振，斩钉截铁地宣布：

即使三十位王子全部壮烈牺牲，
孤王也心甘情愿，在所不惜！
定要誓死捍卫琐罗亚斯德教，
绝不能屈服于敌人的淫威！

行文至此，伊朗军队在物质和精神两个方面都已做好充分战备，打起仗来稳操胜券似乎已经无可怀疑。下面再写酣战厮杀，刀来枪往的战争场面，很容易流于平铺直叙，单调乏味。然而，诗人借助巧妙的构思，运用叙事兼抒情的笔法，把战争经过写得有起有伏，如潮汐涨落；有蓄有发，似波光隐显，读来趣味盎然。次日清晨，伊朗和希翁两国军队，在广阔的原野上摆好阵式。在剑拔弩张，一片摇旗呐喊声中，

骁勇善战的扎里尔，
飞身上马冲向战场，
犹如一团熊熊的烈火——
借助风势燃着芦苇塘！
他挥舞闪光的利剑，
左右劈杀，锐不可当，
随着每一次手起剑落，
管叫十名敌兵把命丧。

希翁人兵败如山倒,

扎里尔杀得心欢意畅!

寥寥数语,就将伊军统帅扎里尔驰骋疆场,勇武压群敌,豪气吞万里的雄姿,惟妙惟肖地勾画出来。如果说前面描绘老臣贾马斯布的预言所引起的风波是泼墨如水,着重表现扎里尔的"忠"——主人公内在的崇高思想和优良品质,那么这里描写伊军统帅一马当先,冲锋陷阵,则是惜墨如金,意在突出扎里尔的"勇"——即主人公外在的英雄行为。中国传统章法讲究"文章非实不足以阐述义理,非意不足以摇曳精神,故虚实常宜相济也"(唐彪《读书作文谱》)。照此而论,"勇"不妨说是实,"忠"不妨说是虚。实的"勇",来源于虚的"忠"。使人感到英雄行为的真实和可信;虚的"忠"见诸于实的"勇",益发显出壮士思想品德的崇高和光辉。作者正是这样以"忠""勇"结合,虚实相生的艺术手法,成功地塑造了伊军统帅这个有血有肉、令人敬服的英雄形象。顺便指出,诗中把迅猛破敌的扎里尔比喻为"一团熊熊的烈火",这里除字面的含义之外,还暗示人们扎里尔的作战得到圣火之神阿扎尔的佑助。据波斯古经《阿维斯塔》记载,阿扎尔是地位显赫的天神,他被尊奉为神主阿胡拉·马兹达之子。在琐罗亚斯德教教徒看来,得圣火之神阿扎尔之助者,自然是所向披靡,无往而不胜了。唯其如此,为捍卫民族信仰而战的伊军统帅扎里尔,才把信奉异教的希翁人杀得落花流水,节节败退。

在山坡上备战的希翁国君阿尔贾斯布见此情景,恐慌不安,连声惊呼大事不妙,"若是照这样打下去。全军覆没就在今晚,孤王的性命也难保全!"这时,阴险狡诈的希翁主将维德拉弗什,手持一杆带毒的魔枪,纵马来到阵前,经过一番观察,他"自知不是扎里尔的对手"便拨转马头,乘混战之机,"悄悄溜到扎里尔的身后,用他那带毒的魔枪,把伊军统帅的铠甲刺透!"于是乎,"喊杀声顿时忽然而止,空中不再见流矢交坠。伊军将士个个呆若木鸡,只因统帅扎里尔倒下马去!"两军交战,主帅阵亡,这对伊军将士说来该是何等沉重的打击!在进攻受挫的严重时刻,在关系到战争胜败的紧要关头,伊军中哪位将领能顶替扎里尔,担当起冲锋陷阵、克敌制胜的重任来呢?出人意料的是,诗人竟让一名默默无闻的少年,即扎里尔的幼子巴斯塔瓦尔出来扮演这个举足轻重的角色。乍一看,这样安排似乎有些突兀;细细体味,儿子替父亲报仇,岂不正合乎情理?当巴斯塔瓦尔得知前线军情有变,父亲扎里尔生死不明的消息后,心中焦急万分,他抢先要求出战,到阵前去探个明白。国王古什塔斯布因见他小小年纪,生怕发生危险,说什么也不肯答应。巴斯塔瓦尔急中生智,偷偷地溜到一边,乘人不备,骑上战马,飞也似的冲向战场。当发现父亲的尸体倒在血泊之中,少年不觉心似刀绞,泪流满面,他按捺不住内心的悲痛,放声哭诉道:

　　呵,我声名显赫的父亲,
　　你怎么会倒在血泊里?
　　呵,神鹰般矫健的英雄,
　　是谁掠走了你的坐骑?
　　你曾发誓要歼灭希翁大军,
　　如今何以落到这步田地?

　　呵,你的须发被风吹乱,
　　你纯洁的身躯惨遭踩蹦!
　　失去往日的神采和威仪,
　　父亲的面颊布满了灰尘。

少年对父亲的哭悼，字字血，声声泪，情见于辞，感人至深。但他毕竟是"将门虎子"，能清醒地意识到周围的战争环境：

呵！叫孩儿如何是好？
倘若我此时跳下战马，
将父亲的头抱在怀里，
揩净你面颊上的污垢，
那就会遭到敌人暗算，
像你一样被击倒在地！

巴斯塔瓦尔以战争全局利益为重，控制住自己的感情，理智地对待亡父之痛，能做到这一点，对一个尚未成年的孩子来说，确实是难能可贵的。他强压怒火，含着热泪，驱马返回大本营，向国王如实报告了战况，并再次请战上阵，誓为父亲扎里尔报仇雪恨。在老臣贾马斯布的支持下，巴斯塔瓦尔总算得到国王的恩准。他肩挎箭囊，手持丈八蛇矛，骑一匹雪白骏马，威风凛凛地冲向敌阵，"像他父亲扎里尔一样"，所向披靡，如入无人之境。

希翁主将维德拉弗什以卑鄙的手段杀死扎里尔之后，扬扬得意，自以为如今已是"杀遍天下无敌手"的常胜将军，哪里还把前来叫阵的黄口小儿看在眼里？他重操故技仍想以偷袭取胜。殊不知，机警的巴斯塔瓦尔早已识破他的诡计。只听少年人大声喝道："呔！不信神的异教徒，快上前来领死，休要逃走！别看我胯下有战马，年龄尚小骑术欠佳；别看我囊中有翎箭，可惜年少硬弓难拉。只因父亲惨遭毒手，今朝特来替父报仇，若不杀你，我岂肯罢休！"巴斯塔瓦尔的叫阵不但有气势，充满了必胜的信念；而且有策略，以自己年幼作诱饵麻痹对方，充分显示出他的聪明和机智。

> 巴斯塔瓦尔正待要出击,
> 忽听得亡父在天之灵言道:
> 孩儿呀!快把长矛丢弃,
> 对付邪恶、奸诈的异教徒,
> 弓箭才是最有效的武器!
> 少年人这才恍然大悟,
> 急忙取箭,举弓怒射,
> 维德拉弗什应声倒地!

此处对扎里尔死后显灵的富于浪漫色彩的描写,体现出诗人对以身殉国的伊军统帅的深切怀念和敬仰。老英雄扎里尔虽已命赴黄泉,却依然惦念着这场保家卫国的战争,还要为这场战争尽一把力。读到这里,主人公那肝胆照天地,精神泣鬼神的高大形象不是已经赫然耸立在我们眼前了吗?这不禁令人联想起我国古代伟大的爱国诗人屈原在《国殇》中对阵亡将士的礼赞:"诚既勇兮又以武,终刚强兮不可凌。身既死兮神以灵,魂魄毅兮为鬼雄。"伊军统帅扎里尔不正是这样为国捐躯、虽死犹生的伟大英雄吗?

有胆有识、智勇双全的少年英雄巴斯塔瓦尔终于实现了替父报仇的愿望。他杀死希翁主将维德拉弗什,立下了头等战功,为伊军取得最后胜利扫清了障碍。但他并不居功自傲,而是再接再厉,投入新的战斗。诗中写道:"夺回父亲的筒靴和锦袍,骑上父亲的那匹黑骏马,巴斯塔瓦尔越发精神抖擞,直朝着希翁人那边冲杀。"这种勇往直前,压倒一切的战斗精神,是克敌制胜的法宝,也是少年英雄身上极其宝贵的品质。

正在浴血奋战的伊军将士,忽见扎里尔之子巴斯塔瓦尔奋勇杀向前来，备受鼓舞，士气大振。伊军旗手、老臣贾马斯布之子格拉米·卡尔德"用牙齿紧紧叼住旗杆，两手挥舞着长枪和利剑，直杀得敌兵人仰马翻！"巴斯塔瓦尔看在眼里，喜在心头，禁不住连声叫好，说要为他在国王面前邀功请赏。愈战愈勇的少年英雄杀出一条血路赶到在前面指挥作战的埃斯梵迪亚尔跟前。王子让巴斯塔瓦尔留守原地，自己率领部分人马向希翁人的大本营发起冲击。转眼工夫，阿尔贾斯布连同他的十二万万大军就被埃斯梵迪亚尔的军队逼下山坡，又遇到巴斯塔瓦尔和格拉米·卡尔德两路军马的截击。这样，希翁军队便成瓮中之鳖，被伊军全部歼灭。埃斯梵迪亚尔王子活捉了希翁国君阿尔贾斯布，当即令人"剁去他的手足，割掉他的耳朵"，将他"背朝前，脸朝后"地"倒捆在秃尾巴的毛驴上"，随后意味深长地发话道：

就这样滚回你的老家去，
也好给人以有益的启发——
挑起战争终将自食恶果，
倒行逆施必定受到惩罚！

这样的结尾，简洁有力，风趣幽默，而且寓意深远，耐人寻味。

读完全诗，掩卷凝思。心中浮现出伊军统帅扎里尔父子老少英雄的光辉形象，直觉得有一股浩然之气扑面盈怀，使人振奋，有一股强烈的爱国激情，荡气回肠，催人向上。《缅怀扎里尔》之所以能在民间广为流传，历久不衰，其原因大概正在于此。

三

　　颂老少英雄，成千古绝唱的《缅怀扎里尔》，在伊朗文学史上占有重要的地位，它被誉为横架在波斯古经《阿维斯塔·亚什特》神话叙事诗和伊斯兰时期英雄史诗之间的一座桥梁。[①] 约形成于公元前11—8世纪《阿维斯塔》，是伊朗最早的一部诗歌总集，它以抒情的颂神诗为主，即使有个别描述神话故事和帝王英雄传说的叙事诗或叙事兼抒情诗，其中的故事成分也是比较少的。直至萨珊王朝后期，由于民族矛盾和阶级矛盾日趋尖锐复杂，诗歌的形式日益发展成熟，这才在民间口头创作的基础上，产生了故事情节较强的叙事诗，英雄赞歌《缅怀扎里尔》的问世，标志着伊朗民间叙事诗发展的新水平，它不愧是巴列维语诗歌的杰作，在主题思想和题材内容等方面，对伊斯兰时期的波斯语古典诗歌产生了直接或间接的影响。

　　随着波斯语取代巴列维语上升为伊朗的文学语言，10世纪末萨曼王朝宫廷诗人达吉吉（卒于977年）率先以艾布·曼苏尔的散文体《王书》为蓝本，创作出长篇叙事诗《古什塔斯布传》，其内容与《缅怀扎里尔》大同小异，相差无几。之所以会出现这种雷同的现象，据说是因为散文体《王书》的著者曾参考和利用了《缅怀扎里尔》中的材料。[②] 众所周知，中古波斯的伟大诗人菲尔多西（935—1020）在创作卷帙浩繁的史诗《王书》时，将达吉吉的约两千行诗原封不动地收进自己的作品，以示对先辈诗人的敬仰和怀念。[③] 但是，菲尔多西并不满足于单纯

---

① 参看扎比霍拉·萨法博士《语言宝库》序言，德黑兰，伊本·西那出版社1960年版，第26页。
② 见前引《伊朗史诗创作》，第125页。
③ 参看菲尔多西《王书》，德黑兰，苍穹出版社1978年版，第294—304页。

地转引达吉吉的记述。而是根据自己的创作需要,大大丰富了民间传说中的故事内容,增添了许多有关古什塔斯布国王和埃斯梵迪亚尔王子的精彩故事片段,因而使之更加绚丽多彩,引人入胜。但也应该指出,《王书》中个别故事情节的变动,看起来反倒不如巴列维语原著。比如,原著中有关巴斯塔瓦尔在父亲亡灵的启示下,及时改变战法,用弓箭射死希翁主将维德拉弗什的重要情节被删掉,改为埃斯梵迪亚尔王子亲手杀了这位希翁将领,因而使扎里尔之子少年英雄的形象大为减色。

若把英雄赞歌《缅怀扎里尔》,同其他国家古代著名的民间叙事诗加以比较,可以说是各有特色。仅就典型人物形象的塑造而言,《缅怀扎里尔》中替父报仇、荣立战功的少年英雄巴斯塔瓦尔,不是可与我国乐府民歌的代表作《木兰辞》中女扮男装、替父参军的巾帼英雄花木兰相媲美吗?至于说精忠报国、血洒疆场的伊军统帅扎里尔,要是同欧洲中世纪(11、12世纪之交)成书的《罗兰之歌》中富于战斗精神,但性格过分自信的大将罗兰相比,似乎形象显得更加高大和光彩照人。总之,巴列维语名篇《缅怀扎里尔》,堪称是古代东方民间叙事诗大花园中的一朵奇葩。

图书在版编目（CIP）数据

琐罗亚斯德如是说 / 元文琪著．-- 北京：五洲传播出版社，2021.2
ISBN 978-7-5085-4610-0

Ⅰ．①琐… Ⅱ．①元… Ⅲ．①文化史－研究－波斯帝国 Ⅳ．①K124.4

中国版本图书馆CIP数据核字（2021）第019477号

出版人：荆孝敏
策　划：杨　平
责任编辑：杨　雪
特邀编辑：田亚慧

琐罗亚斯德如是说

| 作　者：元文琪
| 出版发行：五洲传播出版社
| 地　址：北京市海淀区北三环中路31号生产力大楼B座6层
| 邮　编：100088
| 网　址：www.cicc.org.cn　www.thatsbooks.com
| 电　话：010-82005927，010-82007837
| 印　刷：北京画中画印刷有限公司
| 开　本：710×1000　1/16
| 印　张：13.25
| 字　数：130千字
| 版　次：2021年2月第1版
| 印　次：2021年2月第1次印刷
| 书　号：ISBN 978-7-5085-4610-0
| 定　价：48.00元